LOS MISTERIOS MÁS IMPACTANTES SIN RESOLVER

Descubre los Sucesos más Sorprendentes de la Historia que Dejaron al Mundo sin Respuesta Alguna

BLAKE AGUILAR

© **Copyright 2021 – Blake Aguilar - Todos los derechos reservados.**

Este documento está orientado a proporcionar información exacta y confiable con respecto al tema tratado. La publicación se vende con la idea de que el editor no tiene la obligación de prestar servicios oficialmente autorizados o de otro modo calificados. Si es necesario un consejo legal o profesional, se debe consultar con un individuo practicado en la profesión.

- Tomado de una Declaración de Principios que fue aceptada y aprobada por unanimidad por un Comité del Colegio de Abogados de Estados Unidos y un Comité de Editores y Asociaciones.

De ninguna manera es legal reproducir, duplicar o transmitir cualquier parte de este documento en forma electrónica o impresa.

La grabación de esta publicación está estrictamente prohibida y no se permite el almacenamiento de este documento a menos que cuente con el permiso por escrito del editor. Todos los derechos reservados.

La información provista en este documento es considerada veraz y coherente, en el sentido de que cualquier responsabilidad, en términos de falta de atención o de otro tipo, por el uso o abuso de cualquier política, proceso o dirección contenida en el mismo, es responsabilidad absoluta y exclusiva del lector receptor. Bajo ninguna circunstancia se responsabilizará legalmente al editor por cualquier reparación, daño o pérdida monetaria como consecuencia de la información contenida en este documento, ya sea directa o indirectamente.

Los autores respectivos poseen todos los derechos de autor que no pertenecen al editor.

La información contenida en este documento se ofrece únicamente con fines informativos, y es universal como tal. La presentación de la información se realiza sin contrato y sin ningún tipo de garantía endosada.

El uso de marcas comerciales en este documento carece de consentimiento, y la publicación de la marca comercial no tiene ni el permiso ni el respaldo del propietario de la misma.

Todas las marcas comerciales dentro de este libro se usan solo para fines de aclaración y pertenecen a sus propietarios, quienes no están relacionados con este documento.

Índice

Introducción	vii
1. Ciudades ocultas y civilizaciones perdidas	1
2. Lugares místicos	11
3. Apariciones y maldiciones	31
4. Personas misteriosas	57
5. Tesoros perdidos y ocultos	81
6. Monstruos	105
7. Misterios Ancestrales	113
8. Lugares fascinantes	133
9. Asesinatos sin resolver	143
Conclusión	157
Bibliografía	161

Introducción

Todos crecemos con una idea muy específica de lo que es el mundo que nos rodea. Vamos a la escuela, aprendemos la historia que nos enseñan, realizamos las tareas que nos imponen, seguimos el camino que nos sugieren nuestros padres y guardianes, y de esta manera muchos de nosotros perdemos la curiosidad natural que teníamos en nuestra infancia y adolescencia. Esta curiosidad cuando es alimentada y desarrollada durante la adultez, puede dirigir hacia grandes descubrimientos.

La historia va más allá de lo que se ha registrado en los libros, ya que los tesoros son muchos más de los que ya se han encontrado, y sin duda las maravillas que guarda nuestro planeta también son tan vastas que quizá nunca lleguemos a conocerlas todas en algún punto.

Es importante, aún así, que nos esforcemos por descifrar estos misterios y maravillas, naturales y creadas por la mano humana, o siquiera familiarizarnos con ella.

Ciudades perdidas, lugares fantásticos cuyos orígenes aún se mantienen un misterio a pesar de los esfuerzos de los investigadores y la impresionante tecnología que tenemos a la mano, las teorías que, aunque muchos se empeñan en desmentirlas, aún tienen partes que pueden hacerte dudar y cuestionarte si puede haber algo más allá, historias de fantasmas y posesiones demoníacas, tesoros perdidos o destruidos a través del tiempo que los historiadores no han podido rastrear o recuperar por completo, monumentos impresionantes de nuestros ancestros e incluso algunos contemporáneos, misterios de la vida ancestral de la cual desconocemos aún muchas cosas, lugares fascinantes, y crímenes sin resolver. Si estás leyendo este libro seguramente te interesa uno o más de estos temas.

No busques más, me he dado a la tarea de recopilar algunas de las historias fantásticas más populares, y otras no tanto, para que puedas explorar los grandes misterios de nuestro planeta, historia, y sociedad.

Introducción

Encontrarás historias que quizá no habrás escuchado y la otra cara de la moneda para algunas que probablemente ya conocías. Adéntrate en el mundo de lo desconocido e interesante, y permite que tu mente pueda ver más de una posibilidad.

1

Ciudades ocultas y civilizaciones perdidas

ATLANTIS

Todo el conocimiento del ser humano sobre uno de los continentes ocultos más famosos viene del trabajo de un solo hombre: el filósofo griego, Platón. Este renombrado pensador fue la única fuente de información sobre esta fatídica isla y sus habitantes, y aunque algunos expertos escriben tesis extensas sobre la edad y posición de Atlantis, nadie sabe con certeza si esta no fue una simple invención alegórica del propio Platón para explicar el resultado de una civilización que ya había llegado a su cúspide y no tenía nada más por hacer.

. . .

A pesar de esto, la búsqueda de Atlantis se mantiene tan ferviente como antes.

El filósofo vivió en Grecia entre los años 428 y 348 A.C y reveló la historia de Atlantis en sus diálogos titulados "Timeo" y "Critias". Muchas de las fábulas de Platón fueron creaciones que eran usadas como una herramienta para ilustrar sus ideas a sus aprendices, pero la historia de Atlantis más de una vez fue mencionada como un hecho, no una fábula.

Los diálogos de Platón contaban la historia de un investigador que viajó a Egipto para aprender más sobre el mundo antiguo. Los egipcios eran conocidos por su sabiduría y registros antiguos, así que cuando Solón intentó impresionarlos con las historias de las grandes conquistas griegas, los sacerdotes egipcios lo pusieron en su lugar, y así le revelaron la historia de un continente y su gente que nunca había escuchado.

Una raza poderosa existió en una isla del oeste, más allá de los "pilares de Hércules", y que ahora se cree que son las masas de tierra a lo largo de la costa de los estrechos de Gibraltar. Esa isla era el reino de Poseidón, el dios griego de los mares. Tenía una montaña central con un templo dedicado a dicha deidad, y distritos exuberantes en su periferia; contaban con un sistema de canales elaborados que regaban granjas fructíferas y suplían a la ciudad central. La isla era rica en vegetación y era el hogar de una vasta variedad de animales exóticos.

Los atlantes originalmente eran una raza poderosa pero justa. Era una civilización avanzada con una industria comercial próspera, un ejército noble y fuerte, y una sociedad educada y culturizada. Su influencia se extendía a lo largo de todo el continente, e incluso controlaban grandes áreas de África, Asia, y el Mediterráneo.

Aunque la isla satisfacía las necesidades de sus habitantes, su sed de poder y control los llevó a extenderse más allá de lo que podían. Su intento por conquistar Atenas falló, y los atlantes se retiraron para enfrentarse a un cataclismo. La leyenda cuenta que el gran dios Zeus vio la corrupción que envolvía a los isleños, y dejó caer sobre ellos la fuerza de desastrosos terremotos, incendios, y agua. Poco después, Atlantis desapareció entre las olas que los azotaron.

Aunque la historia de Platón ya era conocida y estudiada, el interés moderno en esta civilización surgió a partir de la publicación del libro "Atlantis: El mundo antediluviano" escrito por un antiguo congresista llamado Ignatius Donnelly. En este libro había una mezcla de conjetura, hechos interpretados erróneamente, e historia real. Pero en él también proponía un par de ideas interesantes; remarcó las similitudes la ciencia y cultura de las razas nativas que aparentemente nunca habrían podido conseguir.

De la misma forma, la gran inundación ancestral, la cual se menciona como el acabose de Atlantis, está registrada en escritos y tradiciones antiguas de diferentes culturas alrededor del mundo.

Quienes eran realmente los atlantes aún es un hecho desconocido. Algunos proponen que eran alienígenas, otros creen que eran descendientes de los Lemurianos, y otros dicen que eventualmente viajaron hacia el oeste y se convirtieron en lo que hoy conocemos como los nativos americanos.

Igualmente, la localización exacta de Atlantis aún es discutida entre los expertos y fanáticos. Muchos sugieren que la isla realmente estaba en el Mediterráneo, y una gran cantidad de investigaciones arqueológicas se han llevado a cabo en esta área para intentar probar esta teoría.

Otra propuesta es que la isla de Cerdeña en el Mediterráneo, y la isla de Tera en el Mar Egeo podrían ser Atlantis.

Ambas tenían civilizaciones altamente evolucionadas habitando en ellas: Los nuragas en Cerdeña y los minoicos en Tera.

Ambos desaparecieron gracias a desastres naturales terribles, pero ninguna de estas islas se encuentra en las cosas del estrecho de Gibraltar, así que tomar estas afirmaciones como legítimas sería falto a la geografía descrita por Platón. También, estas civilizaciones desaparecieron 900 años antes de que los diálogos fueran escritos, sin embargo, estos testifican que Atlantis se había extinto 9,000 años antes de ello.

Otros expertos dicen que Atlantis estaba en medio del océano Atlántico, y las montañas son todo lo que quedan de esta isla, siendo estos los picos que surgen por encima del agua cuando las olas se mueven. Estas ahora se conocen como las islas Azore. También existe evidencia que sugiere la caída de un enorme cometa al suroeste del océano atlántico, y dos agujeros de 23,000 pies de profundidad han sido identificados cerca de Puerto Rico. Los expertos creen que la caída de este asteroide pudo haber creado movimientos terrestres lo suficientemente desastrosos para desaparecer cualquier isla alrededor de su caída.

Conforme la tecnología avanza y el interés en esta civilización continúa, más y más investigadores se involucran en el estudio de ella, esperemos algún día saber lo que realmente sucedió con esta mítica civilización.

Pompeya

Pompeya, una ciudad europea localizada a unos cuantos kilómetros de Nápoles, es la sede de unos de los eventos históricos más importante de las antiguas civilizaciones. Si es cierto que Pompeya no es una ciudad oculta, perdida, ni legendaria, es sin duda igualmente interesante de conocer, y esto es gracias a su naturaleza verdadera, ya que sabemos con exactitud lo que sucedió con ella, e incluso se ha podido documentar y replicar su fatídica decadencia.

. . .

Los desastres naturales han cambiado el rumbo de nuestro planeta más de una vez, y la prueba más grande es la separación de Pangea hace miles de años A.C. Para la hermosa Pompeya esto no fue una excepción. A las periferias de la ciudad yace un imponente volcán conocido como el monte Vesubio, que poco sabían los habitantes de la ciudad sería finalmente su acabose como comunidad.

La ciudad de Pompeya tenía una población aproximada de 25,000 personas al momento de la erupción, sin embargo, poco antes de que el monte finalmente desatara su furia contra ellos, una serie de violentos terremotos azotaron la ciudad.

Aterrados por estos sucesos, muchas familias decidieron huir a ciudades y pueblos vecinos, por lo cual la gran mayoría de los habitantes ya se encontraban fuera del área del desastre para el momento de la erupción. A pesar de esto, se estima que alrededor de 2,000 personas se mantuvieron en la ciudad, solo para ser asesinados posteriormente gracias al desastre que engulló a la ciudad.

. . .

La peculiaridad más importante de Pompeya, sin embargo, no se remonta a catástrofe por sí misma, sino a los resultados que este generó para la ciudad. Las altas temperaturas de la lava y la capa de cenizas que la acompañaban sepultaron por completo a la ciudad y los habitantes que permanecían en ella, permitiendo que toda la ciudad permaneciera "congelada" en el tiempo y enterrada en su totalidad.

Años después, en 1756, un grupo de investigadores y arqueólogos descubrieron a la enterrada ciudad gracias a unos misteriosos manuscritos que describían su localización. Los escolares pusieron manos a la obra, y hoy en día después de más de 250 años, se han podido desenterrar los escombros de esta ciudad casi por completo.

La atracción más impresionante de esta tragedia, sin duda, son las estatuas de Pompeya. Son denominadas así gracias a su aspecto de piedra, sin embargo, se ha confirmado que estas "estatuas" en realidad son moldes humanos, una combinación de ardiente lava, tierra, y ceniza que envolvieron a los habitantes y los petrificaron instantáneamente. En 1860, el arqueólogo italiano Giuseppe Fiorelli tomó la iniciativa de llenar los moldes huecos con yeso para inmortalizar de una vez por todas la trágica muerte de los habitantes. Esto permitió observar las estatuas con más detalle sin poner en riesgo la integridad de los moldes originales. En el yeso se podían observar con detalle las expresiones de horror que emitieron al momento de su muerte, se podía apreciar la acción que realizaban en ese momento, algunos cubrían su nariz y boca para evitar inhalar los gases tóxicos, otros se adherían a sus joyas y posesiones materiales más valiosas, los perros guardianes yacían amarrados a piedras o postes exteriores, y otros habían decidido quitarse la vida ante el miedo de sufrir una muerte dolorosa.

Una de las estatuas más famosas inmortalizadas en ceniza es conocida como "los amantes de Pompeya" Este molde involucra a dos personas que murieron en los brazos de la otra; la íntima posición llevó a los investigadores a creer que habían sido amantes, de ahí reciben su nombre, sin embargo, no existe suficiente evidencia de esta relación, ni se ha podido confirmar con certeza el sexo de estos misteriosos individuos. Es uno de los emblemas más famosos de la ciudad, y ha causado gran ternura y empatía en aquellos que conocen la fatídica historia de esta ciudad. Esto también funciona como un recordatorio de que no importan nuestra posesiones materiales, o lo poderosos que nos sintamos, seguimos quedando a merced de la madre naturaleza.

Hoy en día, algunas áreas de Pompeya se encuentran abiertas al público. Los turistas curiosos y aficionados de lo mórbido pueden caminar por las calles que han sido restauradas y apreciar incluso algunos de los moldes que continúan intactos desde la tragedia. Por otro lado, hay áreas que continúan inexploradas, y los académicos afirman con confianza que bajo esos metros de tierra pueden existir vestigios históricos y moldes de más víctimas que fallecieron en la antigüedad. La fecha exacta de la erupción aún es disputada entre los arqueólogos, pero de algo podemos estar seguros, si sucedió una vez, puede que haya sucedido más, o que vuelva a suceder futuramente. ¿Cuántas ciudades enterradas aún no hemos podido descubrir? ¿Cuántas de nuestras ciudades están en riesgo de vivir una calamidad como esta? Esperemos nunca encontrar la respuesta.

2

Lugares místicos

Las islas de Pascua

Las islas de Pascua o "Rapa Nui" se encuentran localizadas al sur del Océano Pacifico y a 2,300 millas de la costa oeste de Perú. La isla ocupa únicamente 45 millas cuadradas y posee tres cráteres volcánicos.

La mayoría de la isla se encuentra desierta y seca, pero existen algunas áreas fértiles que han permitido el crecimiento de la naturaleza. Sin embargo, esto no ha sido de esa madre toda la vida, y existe evidencia que la isla alguna vez fue rica en flora y fauna.

. . .

La primera vez que el mundo supo de la existencia de esta isla fue cuando un almirante holandés llamado Jakon Roggeveen se topó con ella un domingo de Pascua en 1722. Cuando llegó a ella se encontró con una civilización retrógrada que vivía en cuevas y cabañas rudimentarias, y que practicaban el canibalismo; pero lo que realmente llamó su atención fueron las enormes piedras talladas, o "moai", que se encontraban alrededor de la isla.

Investigaciones modernas han revelado que existen alrededor de 1000 estatuas, tienen entre 12 y 25 pies de altura, y pesan hasta 20 toneladas. La más grande tiene 65 pies de altura y pesa 90 toneladas. Sin embargo, cuando Roggeveen tocó tierra, muchas de estas figuras ya habían sido destruidas por los nativos.

El verdadero origen de los nativos Pascales aún es debatido. Un visitante previo a la llegada de Roggeveen fue el capitán James Cook. Cook tenía en su tripulación un marinero que podía entender la lengua de los nativos. Esto llevó a algunos expertos a asumir que hablaban Polinesio, y en realidad eran descendientes distantes de alguna tribu polinesia.

· · ·

Otra teoría popular es que llegaron desde América del Sur, y esto es respaldado por el hecho de que existen juncos y camotes en la isla, y estos cultivos se consideran importaciones del continente sudamericano.

Esta raza probablemente se estableció en la isla en alrededor de la primera mitad del primer milenio, y comenzaron a construir las poco después. Los primeros isleños desarrollaron una técnica precisa para crear a los hombres de piedra usando los cráteres volcánicos. Usaron un sistema de troncos y cuerdas para asentar los moais sobre una plataforma funeraria, que llamaban "ahu", debajo de la cual enterraban los restos de los ancianos.

Se cree que esta figura de piedra funcionaba como un talismán que protegía y cuidaba el clan de los isleños muertos, aunque algunos expertos sugieren que los isleños crearon estas estatuas simplemente por diversión. Algunos arqueólogos también han descubierto tabletas de madera llamadas "tablas parlantes", que describen rituales religiosos ancestrales de la cultura antigua.

. . .

La historia de la isla de Pascua es la típica historia de un paraíso perdido. Cuando los primeros inmigrantes polinesios llegaron a ella, era una tierra rica en recursos naturales que le permitió a los habitantes florecer.

Pero en el año 1500 A.C. surgió un culto llamado "Makemake" o "el culto del hombre pájaro".

Esto simbolizó la llegada de una nueva tribu por el océano, y la sobrepoblación y mala administración de los recursos resultó en el agotamiento de estos. La escasez generó guerra entre las diferentes tribus, incluso haciendo que tiraran las estatuas del clan enemigo. Una leyenda en la isla cuenta la historia de una fatídica batalla entre una tribu de "orejas largas" y otra de "orejas cortas".

Después de un par de siglos, la isla de Pascua se volvió un desperdicio estéril habitada por salvajes, y posteriormente redescubierta por Roggeveen. Los conflictos entre tribus continuaron hasta 1862, cuando los isleños llegaron para esclavizar a los hombres para trabajar en la industria minera de Perú. Estos isleños se enfermaron gravemente en el nuevo continente, y aquellos que regresaron llevaron enfermedades mortales. La viruela redujo la población total a 111 en 1877.

. . .

Más recientemente un grupo de excavadores visitaron el área para llevar a cabo nuevos estudios a estas estatuas. Se propusieron a descubrir lo que había debajo de ellas.

Sorprendentemente, descubrieron que las esculturas de los Moai van más allá de los detalles faciales de las cabezas, descubrieron que bajo las gigantescas rocas existen cuerpos tallados en piedra que corresponden a cada una de las cabezas y que se encuentran aproximadamente a 10 metros de profundidad. También se descubrió que el material de estas estatuas es en realidad amarillo cobrizo, y no negro como se creía inicialmente, esto se debe a que el material original se conservó bajo tierra, y el área de las cabezas que quedaron al descubierto fue paulatinamente dañada por los cambios climáticos y el pasar del tiempo.

Aunque este descubrimiento es sorprendente, en realidad genera más dudas que respuestas. Los arqueólogos a cargo de este proyecto aún no han podido descifrar el secreto detrás de estas cabezas, ¿cómo llegaron ahí?

Algunos piensan que fueron clavados en la tierra como soporte para continuar el trabajo artesanal de las cabezas, otros sugieren que los moais fueron dejados a la intemperie como una manera de indicar el camino hacia el ahu, pero las condiciones climatológicas poco a poco fueron deslavando el suelo hasta el punto de dejar más de la mitad de la estatua enterrada bajo la tierra. Sea cual sea la respuesta, los expertos aún no se sienten con confianza de llegar a un consenso, por la cual el misterio detrás de estas cabezas sigue siendo eso, un misterio.

El valle de la muerte

Este valle es una zona árida localizada al este de California, en Estados Unidos, y que ha adquirido su nombre gracias a sus intensas temperaturas. En agosto del 2020, rompió su propio récord al alcanzar la temperatura más alta registrada, siento esta 54.4° centígrados. En 1944 fue declarado parque nacional. Es un lugar altamente caliente y seco, y recibe su nombre gracias a los exploradores que intentaron cruzarlo y perdieron la vida en el intento.

A pesar de su actual popularidad como punto turístico, el verdadero misterio de este desierto radica en sus piedras andantes o caminantes. En una zona específica del desierto, llamada "The racetrack playa" se han encontrado diferentes rastros de movimiento; líneas únicas dejadas atrás que parecieran indicar que algo se ha arrastrado a lo largo de la arena.

Hace un par de años, los exploradores pudieron darse cuenta de que dichos rastros eran en realidad hechos por rocas andantes. Algunos demostraban un camino hasta de 450 metros de distancia. El tamaño y la velocidad varían, sin embargo, algunas rocas pueden alcanzar hasta los 300 kilos y una velocidad de hasta 3.5 metros por minuto.

Durante muchos años no existió una explicación científica, algunos creían que se movían por arte de magia, otros científicos le atribuían el movimiento a una característica de la humedad en el ambiente.

En 2013, el investigador Richard Norris finalmente propuso una teoría tangible con respecto a este misterio. Cada año, en una época específica, lluvias ocurren en este árido desierto, lo cual permite a un espejo de agua formarse sobre él. En la noche, cuando las temperaturas desérticas bajan drásticamente, permitiendo que este espejo de agua se congele y forme una lámina de hielo a lo largo de la playa. A la mañana siguiente, cuando las temperaturas vuelven a elevarse gracias a la presencia del sol, la delgada capa comienza a derretirse, y con la ayuda del viento permite que las rocas se desplacen a lo largo del desierto.

Aunque esta teoría es popularmente aceptada, otros visitantes y cuidadores del parque afirman que puede ser una de las posibilidades, y no confirman ni niegan la veracidad de dicha afirmación.

El bosque de los suicidios

Localizado aproximadamente a 100 kilómetros de su ciudad capital, Tokio, y al pie del volcán más famoso de Japón, el monte Fuji, el parque nacional Aokigahara ha desarrollado una oscura fama de atraer a hombres y mujeres que han decidido terminar con sus vidas, y escogen este bosque como lugar de descanso eterno.

. . .

El lado Oeste del monte Fuji siempre había sido considerado un área sagrada para los japoneses. La leyenda popular cuenta que este bosque era la entrada hacia los cielos, un purgatorio para yureis y yokais, entidades sobrenaturales del folclor japonés, y las almas de los fallecidos que perdieron la vida durante la explosión del monte Fuji en los años 800.

El propio bosque contribuye al misticismo de la leyenda, gracias a la frondosidad y tamaño de sus árboles, la vegetación tupida lo vuelve un lugar casi sobrenatural, un silencio sepulcral reina sobre él, y el ambiente que genera es de añoranza según algunos visitantes. Adentrándose en sus profundidades también se pueden encontrar un gran lago en el centro y sus famosas cuevas congeladas.

Otra teoría que intenta explicar porque las personas se sienten atraídas hacia este bosque para terminar con sus vidas es el hecho de que, en el siglo 19 durante una época de gran escasez y hambre, los aldeanos abandonaban a sus enfermos y ancianos que estaban próximos a morir, y antes de partir realizaban un ritual de eutanasia conocido como "ubasute"

. . .

En 1960, la sociedad moderna comenzó a prestar atención a este lugar, y el interés turístico y científicos se desató, esto fue gracias a la novela "delicioso suicidio" (nami no tou, en japonés) publicada por el literario Seico Matsumoto. Esta representación y romantización de este bosque generó una nueva afluencia de personas en crisis, aunque previamente ya era considerado como el lugar favorito de los suicidas.

Japón es uno de los países con la más alta tasa de suicidios, y este bosque por sí solo es testigo de hasta 100 muertes al año. Varios reporteros se han adentrado, y solo algunos han podido atestiguar un cuerpo. El camino hacia el centro del bosque se encuentra lleno de letreros escritos para alentar a los potenciales suicidas a recapacitar sobre su decisión, según reportan diferentes medios y turistas que han visitado el lugar.

Algunos locales aún presumen la presencia de algo sobrenatural que atrae a las almas que tienen que vivir en pena, mientras que muchos turistas afirman que, aunque no pueden detectar la presencia de algún demonio o fantasma, la ambientación, los letreros, y la propia fama generan un ambiente de profunda tristeza.

Dentro y fuera del bosque están prohibidas las fotografías para hacer respeto al lugar de descanso de aquellos que habían sufrido demasiado.

El triángulo de las Bermudas

El triángulo de las Bermudas, también conocido como el triángulo del diablo, es un área en el océano que se encuentra en la en la punta final del sureste estadounidense. Es una región de agua conectada a diferentes desapariciones; la percepción popular es que miles de botes y aviones se han perdido en esa área sin explicación aparente.

El triángulo se extiende desde las Bermudas, a Miami, y su último punto se localiza en Puerto Rico, y se dice que contiene un secreto supernatural. Algunas desapariciones de alto perfil han sucedido en esta zona, y su mera existencia se ha convertido en un mito moderno. Sin embargo, ¿existe realmente un poder desconocido que atrae a pilotos aéreos y marítimos a su muerte? O ¡quizá este misterio solo es un invento de la imaginación humana?

La desaparición más famosa que sucedió dentro de las aguas del triángulo es el misterio del vuelo 19 ocurrido el 5 de diciembre de 1945. Un escuadrón de la fuerza aérea estadounidense despegó de su base militar en Florida para llevar a cabo una misión de práctica sobre las Bahamas. El vuelo contenía a 14 soldados, trece de ellos siendo estudiantes acompañados del teniente Charles Taylor.

Después de una hora y media de haber comenzado la misión, los operadores de radio recibieron una señal de Taylor diciendo que sus brújulas estaban defectuosas, y aunque no sabía exactamente dónde se localizaban creía que se encontraban sobre los cayos de la florida.

Los operadores le recomendaron volar hacia el norte, lo que haría que regresara a su país. En realidad, estaba volando sobre las Bahamas, y su intento por volar hacia el norte y el noreste simplemente lo alejaron de tierra firme.

Una terrible tormenta azotó ese día, y los medios de comunicación fueron interrumpidos por ella; aparentemente, Taylor rechazó la sugerencia de darle el control del escuadrón alguno de sus pilotos.

Todo contacto por radio fue perdido y escuadrones de búsqueda fueron lanzados para rescatar al vuelo 19, uno de los aviones también perdió comunicación, el otro no tuvo éxito, y el tercero pareció explotar poco después de haber despegado.

Hasta el día de hoy, no se han podido encontrar rastros del vuelo 19, pero se asume que los restos de las aeronaves cayeron al océano una vez que se quedaron sin combustible, eventualmente se hundieron, ahogando a los soldados dentro. Los registros de la Naval americana registraron que el accidente fue causado por la confusión del teniente, pero una apelación por parte de su familia hizo que tuvieran que retirar esta afirmación, el nuevo registró afirmó que las causas del desastre eran desconocidas. El vuelo 19 no es el único desastre de alto rango que ha ocurrido en esa área, y otras naves importantes de la milicia americana han desaparecido sin dejar rastro.

. . .

La leyenda del vuelo 19 fue inmortalizado en diferentes documentales y filmes modernos. Algunas teorías dicen que diferentes naves no identificadas se encuentran dentro de esta área, y que estas son la causa de las desapariciones. Otras propuestas como tecnologías atlantes y criaturas marinas han sido consideradas.

Algunas personas incluso sugieren que el triángulo es una puerta a otra dimensión.

Otros fenómenos que han sido culpados por estas desapariciones. Como grandes nubes de gas metano que se escapan del manto acuífero. En realidad, es cierto que el triángulo tiene una característica natural que puede estar contribuyendo a las pérdidas.

A diferencia del resto del mundo – con la excepción del triángulo del dragón cerca de Japón – las brújulas apuntan al verdadero norte en vez de al norte magnético.

Este puede ser un factor contribuyente a la leyenda del triángulo, pero la guardia costera de Estados Unidos oficialmente cree que las pérdidas son causadas por una mezcla de razones ambientales y errores humanos.

La región posee mucho tráfico, tanto naval como aéreo, y muchos de los usuarios tienden a ser inexperimentados.

La combinación de corrientes del golfo y condiciones climáticas impredecibles no solo hacen que las naves encuentren problemas, sino que también remueven los rastros de ellas una vez que han sido destruidas. También es interesante notar que la guardia costera no considera esta área como de alto riesgo.

Un investigador examinó muchas pérdidas históricas en el triángulo. Llegó a la conclusión de que los rumores e invenciones habían nublado las verdaderas, y fácilmente entendibles, causas detrás de estos incidentes. De manera similar, compañías de seguros internacionales tienen registros que demuestran que esta región de Bermuda no es más peligrosa que cualquier otra ruta marítima.

. . .

El lago Ness

Muchos de nosotros crecimos alrededor de esta leyenda, ha sido representada en la televisión y el cine, e incluso en la modernidad aún existen personas que se embarcan en aventuras para resolver el misterio de este lago y su aterrador habitante.

Localizado a pocos kilómetros de la capital escocesa, el lago Ness ha sido de los lugares de mayor interés para aquellos que estudian lo sobrenatural. Este misterio propone que existe una enorme criatura en el fondo del lago.

En 1933, se hizo pública una supuesta fotografía de este monstruo. Aunque muchos expertos expresaron que esta fotografía era probablemente falsa, el rumor se esparció tan rápido que llamó la atención de las masas y expertos por igual. Un gran número de biólogos se han embarcado en su búsqueda, aunque hasta el día de hoy no hay un registro oficial de dicha criatura.

A pesar de la opinión de los expertos, muchos aficionados del lugar y habitantes locales aseguran haber visto a este animal marino rondar las superficies del lago. Gary Campbell, el presidente del club de fans de Nessie (sobrenombre afectivo que se le da a esta criatura) tiene el mayor número de supuestos avistamientos del monstruo.

En 1933, después de que el interés creciera gracias a la supuesta fotografía, se inició una petición oficial al Ministerio de Escocia para que investigara la veracidad del supuesto monstruo; la cámara de los comunes realizó la requisición de, por interés científico, se debía financiar una investigación de este lago. La prensa de la época hizo burla de esta propuesta, y muchos funcionarios públicos y ministros en turno expresaron su escepticismo hacia el rumor.

Sin embargo, documentos revelados años después confirmaron que existían propuestas serias por parte del ministerio para colocar unidades a vigilancia a lo largo del perímetro del lago en un intento de capturarlo sin daño, mientras que miembros de la comunidad local se organizaban para realizar rutas de búsqueda y ofrecían una recompensa por el monstruo vivo o muerto. A pesar de ello, no se llevó a cabo esta iniciativa, y en su lugar se creó una brigada de guardabosques que limitara posibles daños a la supuesta serpiente marina y a los ecosistemas existentes dentro y fuera del lago.

Una de las principales teorías sobre la naturaleza de Nessie, es que es una criatura marina de gran tamaño, probablemente descendiente de los dinosaurios. Hace un par de años un grupo de investigadores Nuevo Zelandeses realizó un exhaustivo catálogo de criaturas marinas que podrían haber habitado el lago al extraer muestras de ADN del agua. Gracias a ello, se descartó la posibilidad de que existieran criaturas de gran tamaño que pudieran haber sido confundidos con el monstruo, como plesiosaurios, bagres gigantes, o tiburones errantes de Groenlandia.

El genetista responsable del estudio, Neil Gemmel, afirmó que, aunque se habían descartado los especímenes más probables, encontraron una gran cantidad de ADN de anguila.

Gemmel entonces expresó que existe la posibilidad de que dicha criatura pueda ser una anguila gigante, ya que las anguilas más jóvenes pueden llegar al lago a través de ríos y otros lagos.

. . .

Algunos han tomado esta teoría como verídica y cesado su búsqueda, mientras que otros prefieren seguir persiguiendo a Nessie sin importar los científicos. Aún no existe una prueba física de su inexistencia, ¿será que algún día tendremos la confirmación que queremos? ¿O Nessie seguirá oculto al ojo humano?

3

Apariciones y maldiciones

La maldición de Tutankamón

El antiguo Egipto fue uno de los imperios más poderosos e importantes de la historia antes de nuestra era. Sus tierras vieron nacer a algunas de las figuras más relevantes y poderosas de todos los tiempos, no había ser en todo el continente que no supiera de la importancia de un faraón egipcio.

Estos gobernantes vivían rodeados de requisas, desde fina cerámica hasta reliquias de oro que eran propias de la realeza. En muerte, también eran tratados con sumo respeto, ya que se construían estructuras enteras destinadas a albergar los sarcófagos, cajas especiales donde eran colocados sus cuerpos embalsamados.

Las habitaciones enterradas estaban repletas de tesoros y otro tipo de riquezas que habían sido preciadas para el faraón en vida, ya que se creía que las posesiones podían ser llevadas al más allá.

Después de la caída del imperio, las tumbas de los faraones se convirtieron en puntos de interés para usurpadores de tesoros y otros criminales del mundo antiguo que deseaban tener en sus manos las supuestas riquezas con las cuales habían sido enterrados. Algunos de ellos sufrían fatídicos destinos al intentar allanar las tumbas, y de esta forma empezó a correr el rumor entre los ladrones de que estas tumbas habían sido maldecidas por los espíritus de los faraones fallecidos.

Sin embargo, en la cultura occidental, sin duda una de las más famosas es la maldición de Tutankamón. Tutankamón fue el faraón gobernante de Egipto entre los años 1332 y 1323 A.C. Es uno de los faraones más conocidos de la historia, gracias a que murió a la corta edad de 19 años, en el año 1324 A.C. Aunque inicialmente se creyó que el joven Tut pudo haber sido asesinado en un intento de robarle el trono, estudios posteriores demostraron que, en realidad, pudo haber muerto de una enfermedad congénita o incluso de malaria.

Habiendo sido hijo de una relación incestuosa, se piensa que las repercusiones fisiológicas que la naturaleza de su origen pudo haberle heredado finalmente tuvieron la última consecuencia, algunos creen que murió de un ataque epiléptico causado por una condición genética. Sin embargo, en los análisis realizados a su cadáver, también se detectó presente el ADN de un tipo específico de mosquito que es capaz de portar la malaria, así que otros investigadores proponen que, al no existir vacunas ni tratamientos, pudo haberse infectado y últimamente perecido a causa de la enfermedad.

Independientemente de la razón de su muerte, Tutankamón fue enterrado como cualquier otro faraón, y no fue hasta 1920 que el egiptólogo Howard Carter descubrió el cadáver de un faraón de la XVIII dinastía que no había sido identificado previamente. Posteriormente, encontró las escaleras que llevaban a una enorme puerta que había sido sellada. Carter asegura que en sus adentros encontró una vasta cantidad de tesoros conservados casi a la perfección. Según el investigador, esta tumba había sido la que estaba mejor conservada de entre todas las que habían encontrado, así que rápidamente contactó a Lord Carnarvon, un aristócrata inglés, para convencerle de que financiara la excavación de la tumba.

Según algunos investigadores, a la entrada de la tumba Carter se encontró con una leyenda que leía "La muerte golpeará con su miedo a aquel que turbe el reposo del faraón" Aunque esta afirmación continúa siendo discutida, los eventos que se generaron después de que se emprendiera la investigación reforzaron la idea de que existía una maldición impuesta por el faraón mismo.

Al finalmente alcanzar la cámara donde reposaba el sarcófago de Tutankamón, ciertos fenómenos extraños empezaron a suceder. La gente que había entrado a la cámara o se había involucrado con la excavación empezó a morir poco a poco. La primera víctima fue Lord Carnarvon, el patrocinador de la investigación, después de contagiarse de neumonía, enfermedad que en ese tiempo no tenía cura.

. . .

Su hermano Audrey Herbert también estuvo presente durante la apertura de la cámara real, y murió inexplicablemente poco después de volver a Londres. Arthur Mace, uno de los involucrados en derribar el muro para entrar a la cámara real, murió en el Cairo un poco después, no se encontró explicación médica para su muerte. Sir Douglas Reid, la persona que le realizó una radiografía al cuerpo embalsamado de Tutankamón, cayó enfermo, al no poder continuar con sus labores regresó a Suiza, y dos meses después falleció.

La secretaria de Carter murió de un ataque al corazón, y un profesor canadiense que estudió la tumba junto con Carter falleció de un derrame cerebral al volver al Cairo.

La prensa inglesa tomó la historia, con sus propios giros para darle dramatismo por supuesto, y la publicó a lo largo de todo el país. Más de treinta muertes se le atribuían a la maldición, aunque luego se descubrió que esta cifra había sido una exageración de los medios, sin embargo, suficientes muertes habían ocurrido como para que la gente sacara sus propias conclusiones, y así se solidificó la leyenda de la maldición del faraón en la tumba de Tutankamón.

. . .

Después de que más muertes dejaran de ocurrir, el público y la prensa perdieron el interés, y poco a poco la historia solo se había quedado como una primera plana de la antigüedad. Así fue hasta 1960, cuando en Europa se realizó una serie de exposiciones temporales que incluían tesoros encontrados en la tumba, se dice que poco después de firmar los acuerdos que permitían a las reliquias ser removidas de El Cairo y trasladadas a Europa todos los ejecutivos involucrados fallecieron. La prensa inglesa entonces tomó la oportunidad para revivir la leyenda.

Gracias a esta nueva ola de misterios alrededor de la supuesta maldición, diversos productores de televisión y cine prestaron atención y tomaron inspiración para la creación de varias producciones del séptimo arte. Muchos aún permanecían escépticos a la maldición, entre ellos uno de los actores secundarios de una de las películas que llegó a ser filmada, Ian McShane. La duda de McShane desaparecería poco después, debido a que poco antes de comenzar a filmar en 1980, tuvo un accidente automovilístico, el automóvil en el que se trasladaba se salió de la carretera, y aunque logró sobrevivir el accidente, se rompió ambas piernas, lo que lo llevó a ser reemplazado en la filmación y por lo tanto perder un papel que parecía prometedor para su carrera.

Aún no existe una explicación verídica de por qué se tomaron lugar estas misteriosas muertes, pero algunos investigadores y biólogos creen que pudo haber sido gracias a un hongo. Algunos tipos de hongos pueden ser altamente venenosos al grado de ser mortales si son ingeridos o las esporas logran entrar al cuerpo. Un espacio cerrado y húmedo bajo el suelo desértico es sin duda un ambiente propicio para este tipo de organismos, así que pudo haberse liberado una vez que los investigadores entraron a las cámaras.

Sin embargo, es difícil atribuirle todo a una sola familia de esporas, sobre todo la muerte de Lord Carvarnon, quien no había sido expuesto a los adentros de la tumba.

Es importante recordar que en ese tiempo no existían los avances médicos de hoy en día, y las jornadas laborales, especialmente en trabajos de campo, podían afectar a más de una persona. Muchas de estas muertes, según investigadores, también pudieron haber sido meras coincidencias. Aun así, muchos continúan creyendo que los lugares de descanso de los faraones deben de ser respetados, de lo contrario su ira caerá sobre aquellos que la profanen.

El misterio de la bruja de los Bell

John Bell, un granjero de Carolina del Norte, junto con su esposa e hijos se habían instalado al norte del distrito Robertson, en Tennessee, en el año 1804. Su granja se expandía por 320 acres de tierra rica a lo largo del Río Rojo. La familia vivió una vida callada y pacífica por 13 años, eran miembros de la Iglesia Bautista del Río Rojo donde John fungía como diácono. Su vida parecía ser larga y próspera.

Sin embargo, a finales del verano de 1817, sucedió algo que cambiaría sus vidas para siempre. Algunos integrantes de la familia afirmaban ver animales extraños alrededor de su propiedad, y a altas horas de la madrugada escuchaban que tocaban a la puerta exterior, y después estos se convirtieron en sonidos de las puertas interiores. Sonidos similares a una rata llorando al pie de la cama, o cadenas que se arrastraban por la casa, rocas estrellándose contra el suelo de madera, y gritos callados.

La familia se sentía aterrada por los sucesos, pero decidieron mantener su problema en secreto por más de un año. Cuando las cosas se habían vuelto intolerables, John decidió confiar en su vecino, James Johnson, y los invitó a pasar la noche en su hogar para vivir la experiencia de primera mano. Después de haber podido experimentarlo en carne y hueso, el señor Johnson sugirió que era momento de decirle a más personas, así formaron un comité y empezaron una investigación sobre los misteriosos sucesos.

Poco tiempo paso antes de que personas llegaran de todos lados del estado para atestiguar la fuerza invisible que aterrorizaba a la familia Bell. Después de un tiempo, esta misteriosa entidad había obtenido suficiente fuerza para formar una voz propia. Cuando se le preguntó quién era, la fuerza reveló tener diferentes identidades.

Una de las que reveló, fue ser una bruja vecina llamada Kate Batts. Muchas personas creyeron en esta historia, y la entidad fue nombrada como "Kate" la "bruja de los Bell".

. . .

Kate afirmó tener dos metas principales en la residencia de los Bell, la primera era matar a John Bell. La entidad nunca dio una justificación para ello, así que la razón aún permanece desconocida. Y la segunda razón era para evitar que la hija menor de John, Betsy, se casara con un vecino llamado Joshua Gardner.

El 19 de diciembre de 1820 John Bell cayó en un estado de coma, o al menos similar a ello, y a la mañana siguiente murió. Al limpiar los aposentos de su padre y esposo, los Bell encontraron una pequeña botella llena con un líquido que no pudieron reconocer. Intentaron darles un poco a los gatos que tenían en la granja, y poco después esos gatos murieron. Al ver esto, la entidad finalmente tomó crédito por la muerte de John: lo había envenenado.

Al haber cumplido con su meta, la bruja de Bell partió del hogar, y prometió regresar en 7 años. ¿A dónde se habrá ido durante ese tiempo? Debajo de la propiedad de los Bell existe una cueva.

Muy poco se sabe de dicha cueva, gracias a que no se menciona en los registros que existían sobre este suceso. Quizá era usada como un área de almacenamiento, o los niños la usaban para jugar durante los días soleados, o incluso pudiera ser una verdadera puerta hacia el infierno. A lo mejor la bruja de los Bell simplemente se había retirado a la comodidad y privacidad de los pasadizos subterráneos.

Aquellos que han sido lo suficientemente valientes para visitar la cueva afirman haber escuchado voces en zonas distantes de la cueva, donde no se permite el acceso.

Otros dicen sentir un peso oprimente sobre ellos y eventualmente caen al piso gracias a él. Distintas luces y esferas se pueden ver en la cueva y en el cielo que la rodea durante la noche.

La granja original de los Bell sigue funcionando como una granja, sin embargo, esta propiedad ya no le pertenece a los Bell, y no está abierta al público. La cueva de la bruja de los Bell se encuentra a las acuerdas de Keysburg Road, en Adams, Tennessee. Está abierta al público solo bajo cita y en un tour guiado.

. . .

El espantoso castillo Franklin

El castillo de Franklin es una estructura misteriosa hecha de piedra negra y que ha sido considerado un lugar aterrorizante por el público en general e incluso algunos arquitectos. Hay más de treinta habitaciones en el castillo, y el techo está reposado sobre hastiales empinados que le dan un toque gótico a la estructura. Pasadizos secretos forman un pequeño panal a lo largo de la casa, y hay paneles deslizantes que ocultan estos corredores ocultos.

Se dice que una niña de 13 años fue alguna vez asesinada de uno de estos pasadizos por su tío, quien creía que ella estaba loca. También se dice que alguna vez se llevó a cabo un sangriento asesinato con un hacha frente a la torre, y uno de los dueños anteriores encontró huesos humanos en un gabinete en ese mismo lugar. El forense adjunto de Cleveland, el Dr. Lester Adelson, quien examinó los huesos poco después de haber sido encontrados, determinó que pertenecían a alguien que había muerto hacía mucho tiempo. Quizá incluso durante la estadía de los dueños originales de la casa.

. . .

Es difícil separar la ficción de la realidad en el Castillo Franklin, pero sabemos que un inmigrante alemán llamado Hannes Tiedemann construyó la mansión en 1865. Tiedemann era un artesano de barriles y magnate de venta de artículos al por mayor que se había retirado y tomado una nueva posición en el banco. Su nueva fuente de riqueza le permitía derrochar cuanto dinero quisiera en la construcción de la casa que habitaría con su esposa, Luise. Al paso de los siguientes pares de años, Luise dio a luz a su hijo, August, y una niña, Emma, pero la vida en la mansión no era realmente feliz. En realidad, en 1881, se tornó una vida trágica y sombría.

El 16 de enero, Emma, de 15 años, murió de diabetes. En esos días, la muerte causada por esta enfermedad era una horrible y constante hambruna para la cual no había cura. Poco tiempo después, la madre de Tiedemann, Wiebeka, también murió en la casa. En los siguientes tres años los Tiedemann enterraron a tres niños, uno de ellos solo tenía 11 días de nacido. Los rumores empezaron a surgir sobre que había un misterio detrás de estas muertes, y no eran lo que la familia los quería hacer aparentar.

. . .

Para evitar que su esposa pensara en las tragedias familiares, Tiedemann contrató los servicios de un despacho de arquitectos prominentes de la época para diseñar un par de anexos a la mansión. Durante esta expansión fueron creados los pasadizos secretos, cuartos sellados, y puertas ocultas.

Sistemas de iluminación a base de gas también fueron instalados a lo largo de todo el edificio, y muchas de las construcciones originales aún son visibles hoy en día.

También se construyó un amplio salón de baile que abarcaba casi toda la casa, y se le añadieron gárgolas y torretas a la fachada para que la hicieran parecer más como un castillo.

Los pasadizos secretos de la casa también alberga muchas leyendas. Al final de la casa hay una puerta secreta que lleva a un túnel sin salida. Otro cuarto escondido contenía una destiladora de licor que se usó durante la era de la prohibición. Durante los años 20, la casa fue supuestamente usada como un bar clandestino y un almacén para guardar licor ilegal. El secreto más grotesco que se descubrió en la casa apareció en uno de los cuartos escondidos. Uno de los ocupantes de la casa encontró docenas de esqueletos infantiles. Se sugirió que pudieron haber sido víctimas de experimentos fallidos de algún doctor o incluso especímenes médicos, pero nadie supo con certeza. El médico a cargo de examinarlos simplemente reportó que eran huesos viejos.

El 24 de marzo de 1895, Luise murió a sus 57 años, se la causa de muerte se reportó haber sido insuficiencia hepática. Sin embargo, los rumores volvieron a resurgir sobre la cantidad de muertes que habían ocurrido en la familia Tiedemann, especialmente después de que Hannes se volviera a casar pocos años después. Para ese momento, ya había vendido el castillo a una familia de destiladores llamada Mullhauser y se había mudado a un lugar más grande en Lake Road. Al siguiente verano, Tiedemann decidió vacacionar en un resort alemán donde conoció (o como algunos sugieren se reencontró con) a una joven mesera llamada Henriette. Poco después se casó con la mujer y vivió solo el suficiente tiempo para arrepentirse de ello. Se divorció de ella y la dejó en la calle.

. . .

Para el año 1908, todos los miembros de la familia Tiedemann, incluidos su hijo August y sus hijos, habían fallecido. No quedaba nadie que pudiera heredar su fortuna o cuidarlo a su gran edad. Tiedemann murió poco después ese mismo año de un paro cardíaco mientras caminaba por un parque.

Los rumores no murieron con él. La leyenda cuenta que Tiedemann no había sido el esposo leal que aparentaba ser. Se rumoraban historias de aventuras y encuentros sexuales en los confines de su vasto hogar, y que se mezclaban con los incesantes rumores de asesinatos.

Una de las historias más sangrientas era sobre un pasadizo oculto que se extendía más allá del salón de baile. En este lugar se afirmaba que Tiedemann había matado a su sobrina ahorcándola de una de las vigas que estaba expuesta. Las historias decían que ella estaba loca y la había matado para evitarle la miseria. Pero es posible que esto no fuera verdad, ya que otras personas afirman que la mató por ser promiscua. La descubrió en la cama con su nieto, se dice, y pagó el precio más caro por su crimen.

· · ·

También se rumora que Tiedemann mató a una de sus jóvenes sirvientas el día de su boda porque rechazó sus insinuaciones. Otra versión de la historia dice que la mujer que fue asesinada era la amante de Tiedemann, una mujer llamada Rachel. Había muerto asfixiada por accidente después de que Tiedemann la hubiera atado y amordazado al enterarse de que quería casarse con otro hombre. Es posible que el espíritu de Rachel sea la "mujer de negro" que se ha visto que se ha visto asomarse de la vieja torre. Residentes pasados dicen que han escuchado el sonido de una mujer sofocándose proveniente de este cuarto.

Más sangre fue derramada en la casa un par de años después, posterior a la venta del castillo al partido socialista en 1913. Usaban la casa para reuniones y fiestas, o al menos eso se decía.

Sin embargo, las leyendas de la casa sostienen que los socialistas realmente eran espías Nazi y que veinte de sus miembros fueron balaceados a muerte en uno de los cuartos secretos del castillo. Vendieron la casa 55 años después y durante el tiempo que la tuvieron la casa estuvo principalmente vacía.

. . .

Se cree que pudieron haber rentado una porción de la casa, sin embargo, una enfermera de Cleveland se había quedado a cuidar de un abogado lastimado en el castillo a principios de los años 30. Ella recuerda haber escuchado el llanto de un niño pequeño por la noche. Más de cuarenta años después, dijo en la entrevista con un reportero que jamás se atrevería a poner un pie de nuevo en esa casa.

En enero de 1968, James Romano y su familia se mudaron a esa casa. A la señora Romano siempre le había fascinado la mansión y planeaba abrir un restaurante ahí, pero rápidamente cambió de idea. El mismo día en el que la familia se mudó, permitió que sus hijos fueran al segundo piso a jugar. Un poco después, volvieron a la planta baja a preguntar si podían ofrecerle una galleta a su nueva amiga, una niña que estaba en el piso superior llorando. La mujer siguió a sus hijos a la planta alta, pero no pudo encontrar a la niña.

Esto ocurrió muchas veces, y llevó a mucha gente a preguntarse si los "niños fantasmas" podrían ser las almas de los niños Tiedemann que fallecieron en 1880.

. . .

La señora Romano también reportó escuchar música de órganos en la casa, aunque no había ningún órgano, y sonidos de pasos caminando por los pasillos. También escuchaba voces y el sonido de un vaso de cristal en el tercer piso, incluso cuando nadie más estaba en casa. La familia Romano finalmente decidió consultar con un pastor católico sobre la casa. Se rehusó a hacer un exorcismo en el lugar, pero les informó que sentía una presencia maligna en ella y sería mejor que se fueran.

La familia acudió a la Sociedad de Investigación Física del noreste de Ohio, una organización cazafantasmas que ya ha sido deshecha, y enviaron a un grupo para investigar el castillo Franklin. En medio de la investigación, uno de los miembros huyó despavorido de la casa.

Para septiembre de 1974 los Romano finalmente habían tenido suficiente. Le vendieron la casa a Sam Muscatello, quien planeaba convertir el lugar en una iglesia, pero, en su lugar, después de haber conocido el pasado sombrío del castillo, empezó a ofrecer visitas guiadas dentro de la casa.

También tenía problemas con visitantes fantasma en la mansión y contacto con sonidos extraños, objetos que desaparecían, y una misteriosa mujer vestida de negro.

El dueño entonces invitó a un ejecutivo de la radio llamado John Webster para asistir a la casa y realizar un especial en vivo sobre las apariciones y el misterio del castillo Franklin. Webster afirma que mientras subía las escaleras, alguno le arrancó la grabadora de voz del hombro y la arrojó por las escaleras. "Estaba subiendo por una de las escaleras de la casa con una gran grabadora de voz colgando de mi hombro. Me quedé parado sosteniendo el micrófono mientras veía como la grabadora salía volando y rodaba escalera abajo hasta que finalmente se rompió en pedazos" mencionó al terminar la sesión.

Un reportero de televisión llamado Ted Ocepec, que también había ido a visitar el castillo, atestiguó una lámpara colgante que repentinamente comenzó a moverse en círculos. Él también estaba convencido que algo sobrenatural acechaba a esa casa. Alguien le comentó que quizá las vibraciones del tráfico en la calle de afuera habían causado el movimiento, pero Ocepec no lo creyó así.

. . .

El interés de Muscatello por la historia de la casa lo llevó a adentrarse entre los paneles y pasadizos secretos que habían sido instalados por la familia Tiedemann. Él fue quien realizó el horrible descubrimiento de un esqueleto detrás de un panel en el cuarto de la torre. Este hallazgo tuvo un efecto extraño en Muscatello y consiguiente a él comenzó a enfermarse y perdió más de 15 kilos en un par de semanas. Nunca logró convertir el lugar en una atracción turística y eventualmente le vendió el edificio a un doctor, quien terminó vendiéndoselo al jefe de policía de Cleveland, Richard Hongisto.

El jefe y su esposa decidieron que la espaciosa mansión sería el lugar perfecto para vivir, pero después de un año abruptamente le vendieron la casa a George Mirceta, quien no estaba consciente de la reputación de la casa.

Había comprado el castillo simplemente por su construcción sólida y arquitectura gótica. Vivió solo en la casa y también llevó a cabo tures del lugar, además, le pedía a los visitantes que registraran cualquier experiencia que tuvieran en un libro de invitados antes de irse. Algunos reportaron ver una mujer de blanco, llanto de infantes, y luces que se tambaleaba de un lado a otro. Una mujer incluso se quejó por haber sentido que la ahogaban en el cuarto de la torre.

Extrañamente, no tenía idea de la leyenda que se le atribuía a esa habitación ni de la muerte de la amante de Tiedemann.

Aunque tuvo una cierta cantidad de experiencias extrañas mientras vivía ahí, Mirceta sostuvo su afirmación de que el castillo no estaba embrujado. Les comentó a los reporteros que, si lo estuviera, él estaría demasiado asustado como para vivir ahí. "Tiene que haber una explicación lógica para todo" confesó.

En 1984, la casa fue vendida de nuevo, esta vez a Michael De Vinko, quien intentó restaurar el lugar. Afirmó que no tuvo ningún problema con fantasmas en la casa, pero insinuó que podría haber sido porque su intención era cuidar del lugar. Gastó grandes cantidades de dinero en intentos de restauración. Logró rastrear con éxito los planos originales de casa, algunos de los muebles de los Tiedemann, e incluso la llave original de la puerta frontal que aún servía. Sin embargo, después de haber invertido todo su dinero en ella, puso la casa de vuelta en el mercado en 1994.

Este castillo volvió a venderse en 1999 y el nuevo dueño del lugar también intentó restaurarlo, incluso después de que un incendio lo hubiera dañado gravemente en noviembre de ese mismo año. El trabajo continuó durante su posesión, y esperaba que el lugar pudiera ser abierto de nuevo para tours. Pero ¿realmente se había borrado la marca que dejó el sangriento pasado en el castillo? Cuando le preguntaron si estaba realmente encantado el dueño admitió que no sabía si lo estaba, y no estaba seguro si realmente creía en fantasmas. Sin embargo, mencionó que muchos de sus amigos y familia habían tenido experiencias extrañas ahí, la mayoría involucraba sonidos inexplicables o sentimientos difíciles de describir.

Añadió a su comentario que el castillo no era un lugar escalofriante, pero sí un tanto raro especialmente durante la noche. "He escuchado sonidos extraños y esperado ver u oír algo que demostrara la existencia de los fantasmas, pero hasta ahora no ha sucedido algo así" dijo "no da más miedo que dormir solo en cualquier otra casa antigua que resuene con el viento o tenga una tubería que cascabelee". El castillo fue vendido de nuevo en el 2004.

Recientemente, los registros de bienes raíces del condado de Cuyahoga muestran que la parte trasera de la casa fue vendida en agosto del 2011 a "Oh Dear! Productions LLC." Esta empresa está registrada como una compañía extranjera en Ohio.

Hoy en día, el castillo Franklin tiene un nuevo dueño quien dice restaurará la mansión a su gloria original y la usará como residencia. Veamos cuánto podrá durar en este tenebroso castillo.

La leyenda de la llorona

El folklor mexicano está lleno de leyendas, gracias a la colonización y el mestizaje, gran cantidad de historias se generaron y fueron pasadas de generación en generación. Una de las más populares, y ciertamente más atemorizantes, es la historia de la llorona. Aunque se le ha perdido la pista al verdadero origen de esta historia, aún es contada entre niños y jóvenes, e incluso estudiada en materias literarias. Aún así, los académicos piensan que remonta a las épicas prehispánicas, y están fundadas en diosas como Cihuacóatl, Coatlicue, o Tonantzin.

La diosa Cihuacóatl apareció primeramente en el lago de Texcoco alrededor del año 1500. Algunos sacerdotes interpretaron esta presencia divina como una premonición para el pueblo mexica. Moctezuma, el gobernante en turno, temía lo peor para su pueblo, la muerte, la guerra, y la esclavitud eran algunos de los presagios que la venida de Cihuacóatl anunciaba.

Cuando los sacerdotes subían a lo alto del templo y miraban hacia el oriente, podían divisar una silueta blanca, con el cabello acomodado de tal manera que simulaba tener dos cuernos pegados en la frente, y sus hombros colgaba una tela vaporosa que se ondulaba con el viento, andaba con pesar y pena mientras gritaba su célebre frase: ¡Ay, mis hijos! ¿Dónde los llevaré para que escapen de tan funesto destino?"

Poco después de este avistamiento, y de la interpretación de los sacerdotes como una premonición de la caída del imperio Mexica, llegaron a sus tierras los conquistadores dirigidos por Hernán Cortés, quien finalmente derrotaría a la gran Tenochtitlán, el imperio predominante de la época.

Este suceso se tornaría en lo que actualmente se conoce como la leyenda de la llorona. Se rumora que en algunas zonas de México se aparece a una mujer a la mitad de la noche, comúnmente en zonas acuíferas como lagos, ríos, o manglares, la rodea un halo blanco mientras flota por su camino mientras grita desgarradores lamentos.

Otra versión de la leyenda cuenta que la mujer llora por sus hijos que ella misma degolló en un ataque de locura.

Su alma quedó condenada a andar sin rumbo, en pena eterna como castigo por su pecado. Actualmente hay gente que afirma haberla visto, o al menos escuchado sus lamentos. Es dicho que si escuchas su llanto debes evitar verla, si te encuentra podrás sufrir el mismo destino que sus hijos.

4

Personas misteriosas

El niño criado por lobos

A lo largo de la historia, se han escuchado diferentes casos de huérfanos perdidos en la selva o el bosque, por supuesto muchos de ellos no son encontrados, o solo son recuperados sus cuerpos. Otros, algo más afortunados, terminan en situaciones que muchos de nosotros solo podríamos considerar historias de ficción. Existe más de un caso registrado de niños pequeños siendo criados por lobos, cerdos, y otros animales salvajes. Estos niños son llamados niños ferales.

El caso de Marcos Rodríguez es uno de los más populares gracias a que pudo ser documentado.

. . .

Poco después de nacer, el pequeño Marcos se encontró huérfano después de que su madre falleciera en el parto, en 1946, y su padre se fugara con otra mujer tres años después; aunque inicialmente llevó a su hijo con él, Marcos asegura que no hacía más que sufrir insultos y maltratos, gracias a la tensión familiar su padre decide abandonarlo. Fue llevado a lo alto de una sierra, donde quedó bajo el cuidado de un pastor ovejero.

Sin embargo, esta nueva vida bajo un cuidado paternal no le duró mucho. A la corta edad de 7 años, el pequeño niño se perdió entre la tupida fauna de la sierra mientras exploraba el lugar. Poco le importó al pastor que hubiera desaparecido, y su padre no se había mostrado por la sierra en mucho tiempo. Al quedar a su merced, no tenía más opción que esperar a que el frío o la hambruna lo mataran.

Para su sorpresa, y la de todo el mundo, esto no sucedió.

. . .

En su lugar, Marcos encontró una nueva familia. Fue capaz de sobrevivir 12 años a base de caza y pesca, habilidades que aprendió gracias a la nueva familia que lo había acogido: una manada de lobos.

El joven muchacho se comunicaba a base de sonidos que, con el paso del tiempo, aprendió a imitar de sus compañeros caninos, dormía en una cueva que compartía con animales de la manada y otras especies que buscaban refugio como murciélagos y serpientes.

En 1965, Marcos finalmente fue encontrado y rescatado por la Guardia Civil española. El primer encuentro que tuvo con ellos fue algo desafortunado. El joven no caminaba del todo erguido, y en ocasiones incluso podía vérsele correr en cuatro patas. Los soldados afirmaron que aullaba y mordía como cualquier otro de los lobos que se habían topado durante sus redadas a la sierra.

El antropólogo Gabriel Janer Manila, quien estuvo a cargo del estudio de su caso después de que Marcos se hubiera reintegrado a la sociedad, afirmó que la posible razón de su supervivencia eran las habilidades que había desarrollado previo a haberse perdido. Al vivir en una situación de violencia por la mayoría de su vida, el joven español tenía una inteligencia e instinto para mantenerse con vida superior a la de muchos otros niños de su edad, además de que tenía una mayor resistencia al dolor.

Después de que lo hubieran rescatado, Marcos tuvo que sobrellevar una serie de estudios físicos y psicológicos que pudieran ofrecer un diagnóstico de su estado actual. Pero las primeras barreras pronto comenzaron a manifestarse.

Al inicio, el entonces joven adulto no tenía las capacidades cognitivas básicas correspondientes a alguien de su edad como el habla, la capacidad de caminar erguido, o un sentido de la vestimenta. Luego de un par de años y lecciones intensas, finalmente estuvo listo para reintegrarse a la sociedad como un adulto.

Aunque esta parece una historia de éxito y ternura humana, el señor Rodríguez la percibe de una manera un poco distinta. Lo que la Guardia Costera consideró como un gran rescate fue el declive para Marcos, según él comenta. En una entrevista mencionó que nunca ha sentido la felicidad como cuando yacía dormitando junto a sus compañeros cuadrúpedos, le disgusta el olor de la ciudad, e incluso guarda un poco de recelo a los humanos que demonizan a sus amados compañeros.

Su historia revolucionó al mundo, y atrajo la atención de escritores y directores de cine, e incluso dio a luz a un par de filmes taquilleros, sin embargo, esta fama y atención no le fueron beneficiosos al señor Rodríguez; sin ser capaz de adaptarse a la ciudad, decidió volverse pastor y criar sus propias ovejas.

En ese rancho vive humildemente con complicaciones económicas, pero menciona sentirse más cómodo que viviendo o trabajando en la ciudad. Se le ha preguntado muchas veces si mantiene algún tipo de relación con los animales salvajes de la región, "si escucho a un lobo y le hablo, me responderá, y me entenderá, pero ya no se acercan a mí, porque huelo a lo que huelen los humanos, ya no huelo a fango y pelaje" le mencionó al entrevistador.

En sus ojos, los humanos son personas frías y convenencieras, y con frecuencia expresa su deseo de nunca haber sido encontrado. Ciertamente una persona fascinante, y con una historia digna de ser escuchada.

Lady Babushka

Uno de los eventos que más sacudió a la sociedad estadounidense fue sin duda el asesinato del presidente John F Kennedy, el 22 de noviembre de 1862. El entonces presidente se encontraba en Love Field, Dallas durante un rally de campaña. Al llegar al aeropuerto, se montó en una caravana con su esposa y su equipo de trabajo para conducir hacia la plaza Dealey, en el centro de Dallas.

Durante la caravana y entre la conmoción de la gente se escucharon 3 disparos continuos, de los cuales dos impactaron al señor Kennedy, el segundo directamente en la cabeza, lo cual lo volvió un tiro mortal. Kennedy no fue el primer presidente americano en ser asesinado, pero lo que sin duda lo volvió un caso especial y revolucionario fue la presencia de una cinta del evento. Un civil, Abraham Zapruder, logró capturar en su videocámara el momento exacto en el que las balas alcanzan a Kennedy.

· · ·

Este oscuro atentado dio pie a más de una teoría conspirativa, sin embargo, estas serían posteriormente desmentidas por el propio asesino, Lee Harvey Oswald, un trabajador de almacén que fue arrestado después de concluir la investigación al respecto. Aún así, muchos americanos, civiles o cuerpos de la ley, aún tienen sospechas al respecto. Lo que es cierto es que aún existen muchos misterios alrededor de este asesinato, como la posible presencia de un cómplice, o que se haya dado a cabo por órdenes oficiales de grupos terroristas. Independientemente, una de las teorías más famosas y sin duda misteriosas es la de lady babushka.

La palabra "babushka" significa "abuela" en ruso, y las ancianas rusas eran popularmente representadas con una vestimenta similar a la que la mujer portaba ese día: abrigos alargados y una mascada alrededor de la cabeza, en ocasiones con lentes de sol o de lectura sobre el rostro. La leyenda de esta mujer se remonta a la grabación hecha por Zapruder, donde se puede apreciar a una señora de mediana edad vestida con un abrigo marrón largo y un pañuelo de color rosa cubriendo su cabeza.

· · ·

La mujer se encontraba presente durante el paso de Kennedy por la calle Elm, según los testigos que fueron entrevistados después la mujer se encontraba grabando el camino de la caravana con un equipo de video de alta gama o incluso un tanto avanzado para la época. Sin embargo, lo que más impresionó a los presentes, fue el hecho de que esta mujer se mantuvo impasible frente al tiroteo. Al momento de escuchar el estruendoso ruido de un arma siendo disparada policías y civiles por igual comenzaron a huir despavoridos en diferentes direcciones para poder resguardarse, la confusión y miedo reinaban a las masas y un caos se desató alrededor de la escena. Lady babushka, por el otro lado, mantuvo los ojos en la escena hasta que el coche presidencial dio la vuelta para encaminarse al hospital, y después se adentró entre la multitud.

La posición en la que la mujer se encontraba en el momento del tiroteo estaba directamente frente al origen de las balas, entonces su grabación podría revelar inmediatamente al responsable del crimen.

Al darse cuenta de esto, el FBI comenzó una investigación formal para encontrarla, sin embargo, no encontraron más pistas posteriores a su desaparición el mismo día. Lo más cercano a un posible acercamiento a ella fue el testimonio de Jack Harrison, un técnico de una tienda de videocámaras que afirma haber revelado una película de una señora de 40 años.

En 1970, Beverly Oliver afirmó ser lady babushka, y reveló que había ayudado al asesino de Oswald, Jack Ruby, a realizar el asesinato. Sin embargo, después de que la policía la investigara, se corroboró que era una impostora, ya que la edad que tenía al momento del asesinato era solo de 17 años. Hasta el día de hoy, no se han encontrado nuevas pistas sobre su paradero, y se desconoce por completo quién podría ser esta mujer. Algunos proponen que era una espía rusa, otros afirman que quizá jamás se reveló por el miedo de verse involucrada, y algunas de las suposiciones más locas es que es una viajera del tiempo y simplemente regresó a su época original.

El rey Arturo

La leyenda del rey Arturo afirma que este miembro de la realeza nació en algún punto del siglo 50 A.C. Se dice que el gran mago Merlín disfrazó a Uther Pendragón, uno de los más grandes guerreros de la Gran Bretaña, para hacerse pasar por el duque de Tintagel, el esposo de Ingraine de Cornwall.

Uther sedujo a Ingraine en una cabaña de Tintagel, pero el hijo que dieron a luz fue abandonado después de nacer.

El niño fue llamado Arturo, y fue crecido sin saber la verdad sobre su linaje. Cuando Uther murió, el trono quedó sin un heredero. Melí colocó una espada llama Excalibur en una piedra y proclamó que solo alguien con verdadera sangre real sería capaz de sacarla de ella.

Cuando el joven Arturo fue el único capaz de hacerlo fue proclamado rey. Once de los otros gobernantes británicos se rebelaron en contra del joven rey, pero Arturo logró aplastar su rebelión y comenzó un reinado glorioso y noble. Arturo se casó con Guinevere y organizó a un grupo de caballeros honestos en Camelot, en el Valle de Avalón. Para evitar cualquier sentido de preferencia entre los caballeros, el padre de Guinevere le dio a Arturo la mesa redonda de la leyenda.

· · ·

Se rumora que Arturo en algún momento se convirtió en emperador y llevó a cabo la búsqueda por el Santo Grial. Sin embargo, durante este periodo, Lancelot, uno de los caballeros más leales de Arturo, tuvo una aventura con Guinevere. Esto marcó el principio del final de Arturo.

Los amantes huyeron a la ciudad de Lancelot en Brittany, Francia. Arturo decidió seguirlos y declarar una guerra con su una vez amigo, para esto dejó a su sobrino, Mordred, como rey temporal en Inglaterra. Mientras estaba batallando en el Canal Inglés Mordred se rebeló, así que Arturo fue forzado a volver a su reino. Una feroz batalla se desató en la planicie de Salisbury. Arturo logró matar a Mordred, pero a consecuencia él también quedó herido de muerte.

Moribundo, regresó a Avalón. Se cuenta que tiró la espada de Excalibur en el lago del reino antes de perderse dentro de una cueva bajo la promesa de que regresaría si alguna vez Inglaterra se viera en peligro.

La primera prueba histórica de una figura similar a Arturo fue en la obra de Gildas: "De Excidio Britanniae" que cuenta la historia de soldados británicos siendo liderados por un hombre llamado Ambrosio Aureliano y fue escrita en el siglo seis. El nombre de Arturo aparece en el noveno siglo, en la obra de Nennio: Historia Brittonum.

Sin embargo, no fue hasta el doceavo siglo que el fenómeno de Arturo como un ícono de la historia tuvo un impacto en la sociedad. William de Malmesbury y Geoffrey de Monmouth realizaron obras que cosecharon las semillas de nuestro entendimiento actual sobre la leyenda Arturiana.

Desafortunadamente, sus obras también incluyeron muchos detalles ficticios, lo cual oscureció la realidad del reino de Arturo. Hay otras evidencias que le dan un lugar en la historia basándose en hechos. Muchas personas creen que Glastonbury en Somerset es la verdadera ubicación de Camelot, y en el siglo 12 se afirmó que habían encontrado la tumba del rey en ese mismo lugar.

De manera similar, las islas de Sicilia se rumoran poseedoras de los restos de Arturo. Ciertamente, hay muchos candidatos posibles que pudieron haber aparecido en la mitología Arturiana y los historiadores han descubierto muchas figuras políticas que podrían ser el mismo rey.

Estos historiadores creen que el simple hecho de que existan una gran cantidad de candidatos que podrían ser el rey Arturo es la razón de que nuestro conocimiento sobre él sea tan borroso, y que muchas historias individuales y personales la han mezclado con la verdadera.

Lo que sabemos ahora es que en el siglo seis muchos reinos célticos tenían líderes llamados Arturo; esto pudo haber sido en homenaje al rey original. Aunque el uso del nombre ha oscurecido la leyenda original del rey Arturo, también indica que en generaciones antiguas existió un líder grande e inspiracional.

Quizá la evidencia más sorprendente se haya recabado en los últimos años. En julio de 1998, un grupo de arqueólogos encontró una losa escrita en latín con el nombre de "Artagnov" o "Arthnou" en la cima de una sierra rocosa en Tintagel, en Cornwall. La losa parece haberse grabado en el siglo seis, y prueba que el nombre estaba presente en las tierras Arturanias en el tiempo correspondiente, y que le pertenecía a un hombre de cierto estrato social.

Como muchos misterios históricos, el daño que el paso de los años le hace a la verdad está siendo lentamente restaurado por la ciencia y el crecimiento de interés moderno. Puede que no sepamos realmente a quién representa la leyenda del rey Arturo, pero con más descubrimientos como este, podemos estar un paso más cerca de reconstruir la verdad.

El hombre de la máscara de hierro

El misterio del hombre en la máscara de hierro ha sido un punto focal para los románticos empedernidos y los historiadores dedicados desde el siglo 17, y ha generado incontables teorías sobre la identidad del prisionero enmascarado. El interés se mantiene incluso hasta este día, y el popular filme taquillero es prueba de ello. Pero aún así, el mundo no se ha acercado lo suficiente a la verdad de esta trágica figura, y a medida que pasan los años, las probabilidades de descubrir su identidad se desvanecen.

. . .

Poco se sabe sobre el prisionero. Los pocos registros que existen son documentos oficiales escritos en francés y con un dibujo intencionalmente malo. Fue arrestado en 1669, y fue encarcelado primero en Pignerol, una fortaleza en las alturas de los Alpes franceses. Fue transferido a Exiles en 1681, cerca de Pignerol, y en 1687 fue vuelto a mover a la isla sureña de Santa Marguerite. Su estadía en la isla duró once años hasta que fue enviado a Bastilla en París. Finalmente, el prisionero murió en 1703, siendo esta otra forma de alcanzar la libertad.

A lo largo de su encarcelamiento, hubo solo dos ocasiones reportadas de testigos, fuera de oficiales de la prisión, que hayan podido ver al prisionero. Durante su transferencia de Exiles a Santa Marguerite, al prisionero se le vio usando una máscara de acero.

Cuando fue transferido a Bastillas, este terrorífico disfraz fue reemplazado con una máscara más humana hecha de terciopelo negro. También se ha descubierto a través de correos oficiales entre el gobernador y Saint Mars, el guardia del prisionero, que el encarcelado no debería comunicarse con nadie, sea por vía escrita o hablada. Si lo hiciera, debía ser ejecutado en el momento.

. . .

¿Qué tipo de terrible secreto podría estar ocultando este hombre que demandaba tal trato? Los historiadores se han hecho esta misma pregunta, pero también ha generado sospecha la razón por la cual entonces lo habían mantenido con vida: Si la información que tenía era tan peligrosa para el rey, ¿no hubiera sido más sencillo simplemente aniquilarlo? ¿Cuál era la preocupación de que la gente viera su rostro?

Quizá se parecía a alguien conocido en entre la sociedad francesa, lo que lo hubiera hecho famoso sin duda. Pero, de nuevo, matarlo hubiera sido mucho más fácil, y ciertamente no era una opción que le desagradaba a la corte francesa.

La parte extra es que Saint Mars, el hombre que fue asignado para encarcelar al prisionero, tuvo la misma posición desde el primer día de encarcelamiento y hasta que el prisionero dio su último aliento en 1703. Dada la usual volatilidad de las situaciones políticas, esta constancia es intrigante.

Existen muchas leyendas alrededor de esta historia. Una de las más populares es que la máscara estaba hecha de hierro. Voltaire decía que estaba remachada en su cabeza, y la describió en detalle como "movible, con bisagras en la mandíbula baja que tenían clavos que le permitían abrirse, probablemente para poder alimentarlo mientras la tenía puesta." La única referencia contemporánea fidedigna que tenemos de la máscara menciona que estaba hecha de terciopelo negro, no de hierro, pero el comentario de la "máscara de hierro" llamó la atención del público.

Otra leyenda popular es que siempre había dos soldados a sus lados listos para dispararle si alguna vez se retiraba la máscara. También se menciona que era tratado con mucha cortesía por los guardias. El jefe de la prisión y sus captores se retiraban los sombreros frente a él, se mantenían de pie hasta que los invitaba a sentarse, lo alimentaban en bandeja de plata, etc. Esta leyenda fue esparcida, y es una gran historia, pero los registros de la prisión muestran los muebles en realidad eran bastante modestos.

Los cuartos en Bastillas antes de 1745 no tenían muebles, ya que la mayoría de los prisioneros políticos preferían ingresar sus propios muebles. Las notas de Du Junca mencionan que el prisionero enmascarado no tenía muebles propios, en su lugar usaba los que la prisión proveía. Esto implica que el hombre enmascarado no era rico, y mucho menos de la realeza.

Otro rumor es que el prisionero escribió un mensaje con la punta de un cuchillo sobre una vajilla de plata, y tiró el plato por la ventana hacia el río. Fue encontrado por un pescador quien lo llevó de regreso a la prisión y fue inmediatamente interrogado por el gobernador para saber si había leído lo que decía en el plato. Fue encarcelado, interrogado, e investigado, y se probó que no tenía educación y no podía leer o escribir su propio nombre.

El gobernador lo liberó, diciéndole que tenía suerte de no saber leer. Esta historia fue vuelta a contar por Voltaire en 1750. Una historia similar fue contada sobre una camisa de alta calidad, cubierta en palabras, que fue encontrada por un barbero y regresada a Saint-Mars; dos días después, el barbero fue encontrado muerto.

También se han hecho especulaciones sobre la identidad del prisionero.

Una de las sospechas se remonta al linaje del rey de Francia. El prisionero pudo haber sido en realidad el hermano gemelo de Louis, quien se rumora había sido concebido primero, pero, por desgracia, había sido el segundo en nacer. Su verdadera identidad fue escondida del gemelo para facilitar cualquier problema en el procedimiento de sucesión, y se rumora que Louis lo había aprendido después de descubrir quién era.

Otras teorías dicen que él pudo haber sido el hermano mayor, resultado de una aventura extramarital de la madre de Louis. Mientras que otra teoría afirma que el prisionero fue el doctor en turno en la autopsia de Louis XIII, quien desafortunadamente descubrió que el rey fallecido era incapaz de procrear, lo que pondría en peligro la coronación de Louis XIV. Por la misma línea de cuestionamiento, otras personas han concluido que el prisionero pudo haber sido el verdadero padre de Louis, quien fue reclutado por su madre gracias a que el rey carecía de habilidades en la habitación y ocultado de la sociedad para evitar la decadencia política.

Otra figura de interés fue el Conde Antonio Mattioli. Se cree que pudo haber sido el prisionero que usaba la máscara, y lo hacía por una de las razones más banales:

porque era tendencia en la moda italiana durante ese periodo de tiempo.

Mattioli era un político sin escrúpulos de Mantua, Italia, quien estuvo involucrado en negociaciones entre el duque de Mantua y la República de Venecia mientras usaba a Francia como intermediario (durante ese tiempo Italia no se encontraba unificada). Mattioli traicionó a todos los que pudo, y causó disturbios en al menos cinco países, lo que casi llevó a una guerra absoluta. Esto puso al rey de Francia en una posición complicada.

Mattioli fue secuestrado por los franceses en mayo de 1679, en Italia, y fue llevado a un fuerte en las montañas de Pignerol. La orden de arresto tenía un escrito "Ninguna persona deberá saber lo que ha pasado con este hombre" que había sido una orden especial del rey. El secretario de estado francés, Louvois, ordenó al gobernador solo proveerlo con las necesidades más básicas, y nada de artículos de comodidad, por mandato oficial del rey. Mattioli casi perdió la cordura por este tratamiento.

Mattioli no acompañó a Saint-Mars cuando fue transferido a Exiles en 1681, pero fue cambiado de prisión en marzo de 1694 a Sainte Marguerite, así que encaja en el criterio. Después de 1694 el nombre de Mattioli desaparece de los registros de correspondencia.

Las cosas se tornan un poco más oscuras con Louis Oldendorff, un noble de Lorraine quien era el líder de la Orden Secreta del Templo. Las reglas de su sociedad no permitían que fuera reemplazado mientras estuviera vivo. Después de su muerte, otro hombre fue forzado a usar su máscara, manteniendo la ilusión de que Oldendorff se mantenía vivió, y así la Orden no podría elegir a un nuevo líder.

El candidato más probable es un prisionero Eustace Dauger, quien había sido un valet. El nombre Dauger se rumora ser falso, y hay una gran cantidad de especulación sobre quién era Dauger. La orden de arresto emitida por el rey restringía el contacto de Dauger con otras personas.

Saint-Mars era el responsable de alimentar a Dauger, y el secretario de estado le escribió "No debes dejar que nunca, bajo ninguna circunstancia, escuches lo que el prisionero te quiera decir. Debes de amenazarlo con la muerte si te dice más de una palabra, a excepción de sus necesidades fisiológicas. Es un simple valet, y no necesita muchos muebles".

Dauger fue transferido de Pignerol con Saint-Mars a Exilés en 1681, y a Sainte Marguerite en 1687, así que encaja en el cronograma.

Otros sospechosos no tan probables, pero aún considerados incluyen a la hija de Louis XIII y Anne. Aterrorizado de no tener un hijo, Louis XIII puede haber escondido a su hija recién nacida, reemplazándola con un niño varón. Cuando descubrió su identidad, Louis XIV (el impostor) la encarceló.

El aclamado y famoso dramaturgo, Moliere, fue amado por el público francés, pero también generó muchos enemigos gracias a su falta de creencias religiosas y desdén por la cabeza francesa. Especialmente enojó a la Compañía del Sagrado Sacramento, un grupo católico poderoso e influyente.

. . .

La teoría indica que la muerte de Moliere fue escenificada en 1673, y posteriormente se convirtió en el hombre de la máscara de hierro como castigo.

Nicholas Fouquet, otro de los prospectos, fue supuestamente encarcelado por descubrir información secreta sobre la muerte de Jesús, afirmando que no había muerto en la cruz, y en su lugar había sobrevivido y dejando una línea de descendencia.

Otro prospecto poco probable pero igualmente intrigante fue el mismo Napoleón Bonaparte, quien afirmaba ser un descendiente directo del rey, y se obsesionó con la teoría popular que decía que el hermano mayor del rey había sido encarcelado para asegurarse de que Louis XIV fuera el único rey. Mientras estaba encarcelado, al hombre se le permitió casarse y por ende trajo al mundo a un hijo que fue enviado lejos a ser criado, en Corsica. El nombre de la familia que adoptó a este desventurado niño supuestamente era Bonaparte. Mientras la teoría le fue de ayuda a Napoleón, no existe evidencia suficiente para respaldar esta teoría.

Lo único que se puede afirmar con certeza es que el prisionero era miembro de la realeza o tenía algún tipo de conexión al linaje real, esto gracias a que no fue asesinado. Cualquier otro prisionero pudo haber sido encarcelado en una mazmorra para siempre o simplemente enterrado con una lápida sin nombre.

A pesar de las continuas traiciones en la política francesa, o los beneficios que pudo haber traído el revelar la identidad de este prisionero, y la metódica examinación de estos registros, no existe algo definitivo que pueda indicar quién realmente era el prisionero. Fue un secreto total, guardado por todo los involucrados.

La identidad del hombre en la máscara de hierro fue tan bien protegida que uno puede llegar a concluir que incluso nunca existió. El rumor de una figura como esta podría ayudar a reprimir a cualquiera que no concordara con el rey, la amenaza de una encarcelación eterna ciertamente podría ser beneficiosa para ese fin.

5

Tesoros perdidos y ocultos

El Santo Grial

Casi todo nuestro conocimiento del santo grial se deriva de las novelas románticas sobre el rey Arturo escritas en los siglos doce y trece. Sin embargo, hay algunos hechos que son popularmente aceptados. Se cree que el grial es el cáliz de la eucaristía o el plato del cordero de Pascal usado por Cristo en la última cena. Este contenedor fue tomado por José de Arimatea, quien lo usó para recolectar la sangre chorreante del cuerpo crucificado de Cristo.

Una teoría alternativa es que era un cáliz dado a José por Cristo en una visión.

. . .

Los poderes sagrados de este contenedor ayudaron a José por 42 años durante su tiempo como prisionero de los judíos. En ambos casos, José llevó el santo grial a la Gran Bretaña y dio inicio a la verdadera leyenda.

Algunos creen que el santo grial fue secretamente pasado de generación en generación entre los descendientes de José. Otros creen que está enterrado bajo el pozo de cáliz en la ciudad sagrada más antigua de Gran Bretaña: Glastonbury, lo que indicaría una conexión con la leyenda de Arturo.

Algunos cuentos románticos dicen que Arturo y sus caballeros de la mesa redonda se embarcaron en una búsqueda por el santo grial. Una leyenda un poco más fidedigna dice que los cátaros tuvieron en su posesión el grial y lo escondieron en los Pirineos antes de que fueran derrotados. Se ha sugerido que lo mantuvieron bajo su cuidado en su fortaleza en Montségur, lugar que fue investigado por los Nazis durante la segunda guerra mundial en busca del grial.

. . .

Otros creen que los cátaros lo escondieron en el Rennes-le-Chateau, o le dieron el cáliz a los caballeros de Templar para que lo resguardaran.

Algunos investigadores creen que un campo en Shropshire oculta el grial bajo su superficie, y otra tradición afirma que un vaso de madera en una casa de campo en Gales es el verdadero artefacto.

La iglesia organizada no acredita ninguna de las leyendas de su existencia, aunque esto no debería de ser un indicador de que la leyenda es solo eso. Sin importar si las evidencias son solo un rumor, o si se encuentran o no, la historia del Santo Grial seguirá siendo un misterio de la humanidad por muchos años más.

La espada Kusanagi

La historia occidental no es la única colmada de misterios. El oriente del mundo ha vivido su propia cantidad de guerras, dinastías, batallas, y desastres. Japón, siendo uno de los imperios más grandes y prominentes del oriente antiguo, está colmado de leyendas y artefactos fantásticos, algunos de los cuales se les ha perdido la pista a lo largo de los años. La espada Kusanagi es uno de los ejemplos más claros de ello.

Comúnmente es referida como solo Kusanagi, o la "espada de serpiente" siendo esta su traducción literal del idioma, aunque también se le conoce por el nombre de "la cortadora de hierba" y por su nombre completo en japonés "ame no murakumo no tsurugi".

El origen de esta famosa espada se remonta a la edad de bronce, es una espada de doble filo, de un corte recto, y altamente filosa. La leyenda cuenta que el poderoso dios Gonses Kiluas la forjó con sus propias manos, y le otorgó sus poderes divinos a quien la portara. Esta espada es considerada uno de los tres tesoros sagrados de Japón, junto con un espejo (yata no kagami), y una joya conocida como yasakani no magatama. Sin embargo, pese a su relevancia histórica, existen muy pocos registros sobre este artefacto sagrado, y solo unos pocos, como el sacerdote Matsuoka Masanao, la han visto con sus propios ojos.

. . .

Muchas leyendas giran alrededor de la Kusanagi y especulan sobre los poderes que pueda infligir en su portador.

La más popular propone que el filo de esta espada otorga la capacidad de controlar los vientos a quien la empuñe, además de bendecirle con valor y coraje para enfrentarse a las batallas. Por otro lado, también se dice que esta espada tiene una maldición, si es empuñada por una persona indigna, caerá sobre tal la ira de Kusanagi.

La espada también recibe su nombre por la leyenda de la serpiente de ocho cabezas que se le atribuye a su origen, Yamata no Orochi, y se origina en la provincia de Izumo.

La leyenda cuenta que la serpiente aterrorizaba a una rica familia, ya que se había devorado a 7 de las 8 hijas que había engendrado la familia, y se rumoraba que tenía en la mira a la hermana restante: Kushinada.

. . .

Abrumado por la eminente pérdida de su ahora única descendencia, el padre acudió a Susanoo, dios del mar, las tormentas, y las batallas. Este dios le afirmó que, si le permitía casarse con su hija, lo ayudaría a luchar contra la temible serpiente. Después de que el padre aceptara, Susanoo elaboró un plan para poder eliminar al Orochi definitivamente. Elaboró 8 tinas con sake, famosa bebida alcohólica japonesa, y las colocó detrás de ocho diferentes puertas, al sentir el olor a alcohol, el Orochi fue en busca de él para beberlo, insertando así sus cabezas en cada una de las puertas.

Aprovechando su distracción Susanoo cortó las cabezas de la serpiente, y luego procedió a cortar todas las colas.

Cuando llegó a la cuarta, encontró en ella la legendaria espada. La nombró murakumo no tsurugi, y la resguardó como un tesoro.

Posteriormente se la ofrecería a su hermana Amaterasu, la diosa del sol, para hacer las paces después de una disputa.

. . .

De esta manera, la espada fue pasando de generación en generación. Los emperadores que ascendían al trono recibían esta espada durante su coronación, esto representaba el poder y la responsabilidad que debían cargar a partir de ese momento. Finalmente, la espada quedó en posesión del gran guerrero y emperador Yamato Takeru, hijo del emperador Keiko, una figura renombrada del japón feudal.

La historia cuenta que mientras Takeru se encontraba cazando en el bosque cuando fue envuelto por las llamas de un incendio forestal, y este había sido provocado por un antiguo enemigo. El emperador utilizó la espada para cortar la ardiente maleza y usó los vientos para desviar el fuego hacia quien había sido culpable de su creación. Al triunfar, renombró la espada como Kusanagi.

Desafortunadamente, Takeru falleció años después en una feroz pelea contra un monstruo, y los rumores dicen que el motivo de su derrota se debió a que no había utilizado la espada sagrada en la batalla.

. . .

No muchos tienen la certeza de donde se encuentra exactamente este tesoro oriental, contrario a muchas otras reliquias japonesas, esta no se encuentra exhibida en templos o museos nacionales. Algunos piensan que se encuentra protegida en el santuario de Atsusa donde el emperador Tenmu falleció en el año 688, se rumoraba que no era digno de portarla y, al desafiar la voluntad de Kiluas, cayó enfermo por la maldición que el dios había posado en él, y en un intento por hacer que se mejore encerraron en arma en dicho templo. El público no ha visto la espada en años, lo cual ha propiciado la creación de nuevos rumores, como el que cuenta que la espada en el templo Atsusa es una réplica, y que la verdadera se perdió en el fondo del océano centenarios atrás.

Independientemente de la veracidad de la historia, la leyenda de kusanagi tiene una repercusión importante en la cultura japonesa, y es una leyenda tan popular que al día de hoy aún es utilizada y referenciada en la cultura popular como dramas de televisión e incluso series animadas.

La biblioteca de Alejandría

. . .

Más de un autor, investigador, y apasionado de la lectura ha soñado con tener todo el conocimiento del mundo en la punta de sus dedos. Interminables anaqueles con libros y revistas llenas de información sobre todos los lugares y cosas y escritas en todos los idiomas. Sin duda suena como un paraíso para todos los curiosos interesados en saber más del mundo.

Bueno, este sueño estuvo cercano a la realidad en algún punto de la historia. La biblioteca de Alejandría, creada por el gran Alejandro Magno poco después de la fundación de la ciudad del mismo nombre, fue construida con la ambiciosa meta de recopilar toda la información y obras creadas por el ser humano sin importar la época, país, o condición de su creación. Alejandro creía que todas las obras humanas debían ser protegidas en ella y guardadas para la posteridad.

Escolares y autores se unieron a esta noble misión, y comenzaron a recopilar creaciones literarias a lo largo del mundo.

A mediados del siglo tres A.C., según los historiadores modernos, se cree que la enorme biblioteca poseía una colección de cerca de 490,000 libros, y un par de siglos después habría crecido hasta los 700,000, aunque estas cifras son fuertemente debatidas entre la comunidad historiadora.

Aún se desconoce la fecha exacta en la que esta biblioteca fue allanada y destruida. Miles de mitos y rumores han tergiversado la información disponible, y han vuelto algo confusa la línea temporal y el orden en el que ocurrieron los desastrosos acontecimientos. El primer registro que se tiene sobre este suceso es en el año 47 A.C. Julio César, un famoso y poderoso general romano, había llegado a Alejandría para apoyar a Cleopatra durante la guerra entre los pretendientes al trono de Egipto, y se había instalado en el complejo palacial de los Ptolomeos en el barrio de Bruquión, este estaba orientado hacia el mar, y donde se creía que se resguardaban los libros regios y el museo de la biblioteca.

Julio Cesar tenía la intención de transportar una gran cantidad de los libros albergados en el palacio a Roma, aproximadamente 40,000 rollos de información según la especulación de algunos investigadores. Sin embargo, antes de su partida de Alejandría, el palacio fue atacado.

A pesar de los incansables esfuerzos del César para defender el palacio, el arsenal produjo un incendio que se extendió por toda una sección del palacio, curiosamente en la zona que albergaba los libros regios. No se ha podido identificar del todo la magnitud de la pérdida cultural de ese acontecimiento, pero algunos investigadores sostienen que ningún rollo sobrevivió el ataque.

Al caer el imperio Ptolemaico, y con Cleopatra y Antonio fuera de la imagen histórica, las tierras de Egipto cayeron en manos de los Romanos, de esta manera Alejandría comenzó un declive económico, social, y cultural que inevitablemente comenzó a afectar la salud de la biblioteca. A pesar de ello, la magnitud y valor de esta continuó atrayendo a escolares y sabios como Diodoro Sículo o Estrabón, y su fama permanecía más allá de los imperios.

Sin embargo, al no existir una corte real, la biblioteca perdió su capacidad de administración y dotación.

. . .

Los sucesos devastadores que azotaron a la ciudad en el siglo dos, como la peste Antonina, y las complicaciones políticas y conflictos bélicos del siglo tres, repercutieron negativamente en la riqueza cultural de la ciudad, particularmente la conservación de los libros de la biblioteca.

Además, en el año 272, el emperador Aureliano arrasó Alejandría durante una guerra política en contra de la reina Zenobia de Palmira.

Sin embargo, la principal amenaza a la que se enfrentó este monumento al conocimiento fue la proclamación del cristianismo como la religión oficial del imperio romano.

Al no discriminar en la información que se buscaba recopilar, la biblioteca estaba llena de escritos y registros paganos, desde información general hasta rituales y costumbres, y era bien conocido que los cristianos rechazaban fuertemente la existencia de este tipo de registros, pues podían surgir para tentar a los fieles a abandonar su fé.

. . .

Después de que los feligreses rechazaran el contenido de estos libros, la afluencia y el interés en la biblioteca comenzó a decaer, y las leyes contra el paganismo promulgadas por el emperador Teodosio fueron aprovechadas por los cristianos extremistas para justificar los ataques a templos e instituciones paganas. En múltiples ocasiones esta sufrió ataques y saqueos que paulatinamente redujeron su variedad de contenido.

Finalmente, cuando la filósofa y científica Hipatia de Alejandría murió en manos de monjes cristianos, terminó de desaparecer la biblioteca.

El teólogo hispano Orosio registró que, cuando visitó la biblioteca, esta ya estaba casi vacía, templo tras templo se encontraban anaqueles desolados, contrario a lo que contaba la historia y portaba la fama de la gigantesca biblioteca de Alejandría. Incluso si permanecían algunos vestigios de la aclamada biblioteca, ciertamente fueron desapareciendo gracias a su rápida decadencia. Las disputas políticas que inevitablemente llevaban a conflictos bélicos entre los imperios repercutieron enormemente en la integridad física de la estructura. Últimamente, la guerra generada por la disputa al trono de

Bizancio entre Focas y Heraclio arrasó finalmente con Alejandría.

Algunos libros lograron sobrevivir, pero después de la llegada de los árabes a Egipto, una gran quema de pergaminos se dio a lo largo de todo el país. Omar, el líder absoluto en la época, dio la instrucción que, si los libros estaban relacionados al Corán, entonces no eran necesarios, y si no lo estaban, entonces debían ser destruidos.

Entre quemas y otras destrucciones, el poco conocimiento que quedaba albergado por la biblioteca fue destruida.

Se estipula, gracias a registros árabes encontrados después, que les tomó alrededor de seis meses destruir todo el contenido, y que las técnicas incluso llegaron hasta ser utilizados como combustible en los baños de la ciudad.

Independientemente de la veracidad de la historia que ha sido descubierta por los investigadores, lo que es cierto es que la biblioteca de Alejandría se encuentra perdida por completo en la historia. Algunos estipulan que quizá algunos libros pudieron haberse salvado, pero es ahora imposible rastrear su paradero. Entre conflictos políticos y guerra religiosas, aunque la biblioteca no es un lugar mitológico, ni tiene una historia fantástica, podemos concordar que, de haber logrado su cometido, podría haber sido uno de los tesoros más importantes de la humanidad, y sin duda su pérdida es lamentable.

Los caballeros de Templar

Un grupo de caballeros franceses fundaron una orden en Jerusalén en 118 bajo el título de "Los pobres soldados de Cristo" Todos los guerreros tenían visiones monásticas y dedicaron sus vidas a proteger viajeros cristianos que se encaminaban a la tierra sagrada. Se les dio morada en el palacio del rey Baldwin II, el rey francés de Jerusalén, en el área del templo de Salomón, gracias a esto consiguieron el título de "los caballeros de templar."

. . .

En 1129 fueron oficialmente sancionados por el Papa Honorio II, y se les otorgó una "regla" por parte de San Bernardo de Clairvaux. Los caballeros se ganaron una reputación temible por ser feroces en la batalla, valientes, y honorables. Pelearon en las cruzadas cuando con Richard Corazón Valiente y rápidamente acumularon grandes cantidades de tesoros, riquezas, y tierras como ofrendas de marcas europeos agradecidos por sus servicios.

Después de 200 años, los caballeros de Templar habían abandonado la tierra santa y tomaron residencia en París, pero su influencia era tan grande que solo respondían a las órdenes del mismo Papa. Sus riquezas eran tan inmensas que iniciaron los primeros tipos de bancos registrados en la historia, y se volvieron conocidos como prestadores de dinero para monarquías europeas.

Sin embargo, estas acciones, combinadas con un historial de realizar reuniones secretas, fueron lo que los llevaron a su acabose. Se sabía que el rey Philip el Justo, de Francia, estaba hundido en deudas de enormes cantidades que le debía a la orden. El 13 de octubre de 1307, declaró que los caballeros de Templar estaban involucrados en actividades herejes y estas las realizaban durante sus reuniones secretas. Después de este decreto, ordenó el arresto de todos los miembros de la orden que se encontraban en Francia y confiscó todos sus activos.

Los miembros aceptaron su decisión con la cabeza baja, pero muchos de ellos después fueron torturados al punto de dar confesiones forzadas de haber participado en prácticas impías. Sin embargo, solo el Papa tenía las facultades para condenar a la orden, y el Papa que recién había ascendido, Clemente V, felizmente sucumbió a las coerciones de Philip. La orden fue deshecha, y se les recomendó a las otras monarquías europeas que tomaran acciones para suprimir cualquier sobrante del movimiento a lo largo de Europa.

En marzo 19 de 1314, el último Gran Maestro de los caballeros de Templar, Jacques de Molay, fue quemado en la hoguera en una isla en el medio del río Seine en París.

Mientras las llamas ardían a su alrededor, se dice que Molay maldijo al rey Philip y al Papa, diciendo que ellos los seguirían un año más tarde. Molay estaba en lo correcto – Clemente murió un mes después y Philip siete después de él. Sin embargo, se rumora que los caballeros de Templar continuaron existiendo en secreto, y antes de su muerte, de Molay asignó a un sucesor que usaría su poder para continuar con la orden.

Se cree que algunos caballeros tomaron refugio en Escocia durante los primeros años, pero el movimiento no volvió a surgir sino hasta 1705. Desde eso, la orden es asociada con la Masonería y otras sociedades secretas, pero el movimiento ha florecido y han tenido muchos miembros de alto perfil e influyentes.

En años más recientes, después de la segunda guerra mundial, la cohesión de la orden internacional se ha fragmentado. Las reuniones aún se mantienen en secreto. A parte de los rituales y tradiciones que son celosamente protegidos, parece ser que existen otros misterios alrededor de esta orden. Pero la pregunta más importante que se mantiene sin respuesta es: ¿por qué los caballeros parisinos no se resistieron a la captura de los hombres enviados por Philip? En los días previos a su captura, un carro cargado fue supuestamente removido de sus edificios.

Philip nunca encontró todas las riquezas en sus oficinas, aquellas que estaba buscando obtener, y parece que los caballeros se sometieron a su abuso para darle suficiente tiempo al carro lleno de sus riquezas escapar.

Pero ¿qué es realmente este tesoro? La teoría obvia es que eran joyas y oro que habían tomado de los templos sagrados de Jerusalén y el mundo bíblico durante las cruzadas. Sin embargo, muchos han especulado al respecto, y se considera que la reacción de los caballeros puede sugerir que era algo más allá de posesiones materiales, y que probablemente era algo de grandiosa importancia espiritual, como el Arca de la alianza o el santo grial.

Otros han considerado que pudo haber sido conocimiento secreto cristiano, tal como el registro de la descendencia de Jesucristo. El tesoro, lo que sea que haya sido, nunca ha sido encontrado, y la localización de su escondite se mantiene un misterio. Muchos expertos en el tema han considerado que pudo haber sido la raíz de la misteriosa riqueza de Berenger

Sauniere, y creen que se había enterrado bajo la iglesia de Rennes-Le-Chateau.

Sin embargo, una de las teorías que se ha aceptado popularmente es que los caballeros sobrevivientes se escondieron en la capilla de Rosslyn en Escocia. Si la orden logró sobrevivir a lo largo de sus años de destierro, existe razón para creer que los secretos del tesoro solo son conocidos por unos pocos. Para el resto de nosotros, los caballeros de Templar solo son descendientes modernos de un misterio histórico.

El Arca de la alianza

De los tesoros ancestrales, el Arca de la Alianza es una de los más misteriosos e interesantes, además de que ha causado gran revuelo y discusión entre historiadores y religiosos. De mano con el Santo Grial, es un tesoro bíblico que se perdió entre los registros de la historia, y a su alrededor giran teorías de conspiraciones políticas y guerras internas por conseguirla.

. . .

Uno de los primeros registros de este cofre se da en la propia biblia, donde el antiguo testamento hace una alusión a ella al mencionar que su diseño le fue otorgado a Moisés por Yahveh para albergar las tablas de la ley que Dios le había dado en la cima de monte Sinaí, estas tablas también son conocidas como los diez mandamientos. A partir de estas escrituras, miles de especulaciones comenzaron a surgir acerca de su paradero, y también del tesoro que podría contener.

La palabra Arca es más fácilmente relacionada con una embarcación, sin embargo, esto no podría estar más lejos de su verdadera descripción. El arca es en realidad un cofre sagrado que se rumoraba resguarda las tablas de la ley. Estuvo custodiado en el Templo de Jerusalén que construyó el rey Salomón, el cual era el santuario principal del pueblo de Israel y guardaba otros tesoros además del Arca, como el candelabro de los siete brazos.

Hace 2600 años se agotaron los registros que aludían a este tesoro, y los historiadores le perdieron la pista hasta el punto de considerarse como un artefacto perdido. Por supuesto, muchas teorías se generaron alrededor de su pérdida, y muchos afirman tener una idea sólida de donde puede localizarse.

. . .

En la interpretación del segundo libro de los Macabeos, se dice que el cofre fue enterrado en una cueva del monte Nebo durante la invasión babilónica, esto con la intención de que los invasores no pudieran encontrarlo y el tesoro se mantuviera protegido. Otros historiadores afirman que fue enterrada en el monte Moría, ya que era la antigua locación del templo de Salomón.

En 1989, un periodista británico que respondía al nombre de Graham Hancock, afirmó que el arca sagrada se encontraba resguardada en el templo de Etiopía. Hancock hace referencia a una gran cantidad de escrituras sagradas que parecen indicar que esta teoría puede ser posible, y menciona que un sacerdote la resguarda en la iglesia de Nuestra Señora de Sión.

Otra teoría propone que pudo haber sido robada de Jerusalén durante las cruzadas, y que posteriormente llegó a posesión de los caballeros de Templar, y estos cuidaron de ella con lealtad hasta que el rey Philip los acusó de blasfemia, herejía, e idolatría. Al ser condenados a deshacerse y quemar a su gran maestro en turno, Jacques de Molay, algunos caballeros lograron huir de París y se rumora que buscaron refugio en Escocia. En 2016, el Vaticano reveló un documento de

700 años de antigüedad que contenía registro de la investigación oficial de la iglesia sobre las actividades de los caballeros templarios. Según la leyenda, en el siglo XII los caballeros regresaron a Inglaterra con reliquias sagradas y grandes riquezas, y se rumora que entre ellas se encontraba el Arca de la Alianza.

Hoy en día, se continúan llevando a cabo excavaciones en diferentes áreas sagradas de Jerusalén, tratando de encontrar más indicios que puedan guiar a su localización.

Sin embargo, aún quedan muchas dudas sobre el origen, la intención y el contenido de este cofre sagrado, y por el momento solo podemos recurrir a la imaginación para poder responder a estas preguntas.

6

Monstruos

El Yeti

El yeti, es un abominable hombre de las nieves que tiene la apariencia de un mono. Pertenece a una clase de críptidos, criaturas que se consideran reales, pero no existen pruebas científicas de su existencia. Las características más conocidas de pie grande es que puede caminar erguido como los hombres y tiene brazos largos y cubiertos de un pelaje blanco. También tiene pies enormes con forma humana, y esto se usa como prueba principal de su existencia, gracias a que muchas huellas agigantadas han sido encontradas en los alrededores de su supuesto hábitat.

. . .

¿Dónde vive esta criatura? El lugar más popular donde han ocurrido la mayoría de los avistamientos es el monte Himalaya, según afirman los testigos. Las áreas montañosas y extremadamente peligrosas de esta región es un lugar donde solo un puñado de la población ha logrado vivir por cientos de años. La mayoría de las personas que llegan a este lugar lo hacen únicamente por pasión al montañismo y la caminata de campo. Así que los reportes de avistamientos han sido mayormente registrados por estos montañistas que vieron sus huellas en áreas elevadas del Himalaya. Aunque muchos avistamientos han sido reportados, nadie ha tenido la oportunidad de ver a la criatura de cerca o proveer evidencia suficiente de su existencia.

Pie grande y el Yeti – Existe un gran parecido entre la existencia del Yeti y de otro críptido americano, Pie Grande. Se cree que vive en la región noreste de Estados Unidos. Su hábitat principal es el área boscosa de América del Norte. Historias similares a las del Yeti se han escuchado sobre Pie Grande.

La similitud entre estos dos no solo se remonta a los avistamientos, si no también en apariencia. Ambos gozan de cuerpos altos y peludos, con la excepción del color del pelaje, se ha reportado que el color de Pie Grande es más oscuro, casi café, como el de un oso grizzli.

Como se mencionó antes, ha habido muchas ocasiones en las que se ha visto al Yeti, la mayoría de ellas se encuentran registradas en blogs de valientes aventureros que se han adentrado en las montañas. Las primeras historias sobre el Yeti emergieron a inicios del siglo 19, cuando el joven explorador B.H. Hodgson afirmó haber visto una criatura alargada con forma de mono que se adentró con rapidez al bosque cuando vio a su equipo de escaladores.

Afirmaciones similares fueron publicadas sobre sus avistamientos y el encuentro de rastros de huellas humanas a finales del siglo 19. Posteriormente, en el siglo 20, cuando muchos montañistas empezaron a mudarse a la región del Himalaya, se incrementó la cantidad de avistamientos dramáticamente. El más popular hasta ahora ha sido la de Eric Shipton en 1951. Se rumora que Eric logró capturar al Yeti en cámara, pero aún así estas imágenes, al ser algo borrosas, no fueron consideradas como evidencia concluyente.

. . .

Incluso Sir Edmund Hillary reportó haber visto huellas en la nieve durante su famosa expedición al Monte Everest. Poco después muchas cosas nuevas empezaron a aparecer, como muestras de pelaje, heces, etc.

Muchos investigadores se dejaron llevar por su curiosidad hacia este espécimen y algunos concluyeron que su naturaleza era desconocida, mientras que otros los relacionaron a tipos de osos o cabras. Sin embargo, la discrepancia entre las opiniones también definió estas investigaciones como inconclusas.

En la modernidad existen diferencias creencias que circulan sobre su existencia, y el estudio más fidedigno de nuestra era fue conducido por un equipo de una cadena nacional inglesa quienes analizaron la muestra de pelaje del Yeti. La prueba de ADN reveló que tenía un parecido al que había encontrado el Sir Edmund Hillary durante su expedición. Un análisis profundo demostró que estos pertenecían a gorales del Himalaya, un tipo de cabra que vive en la zona.

Más historias aparecen gracias al apoyo de las redes sociales, y recientemente un equipo japonés afirmó haber filmado al Yeti con sus cámaras. Este tipo de afirmaciones continúan atormentando a los científicos y es demasiado complicado corroborar la autenticidad de estos estatutos.

Hasta ahora no existe evidencia tangible que respalde la existencia del Yeti, pero no existe manera de refutarla tampoco.

Si realmente vive en las desérticas y congeladas alturas del Himalaya que pocos hombres se atreven a caminar, puede que se encuentre a salvo en su escondite por muchos años más.

El Kraken

Sin duda los piratas fueron unas de las figuras históricas más importantes y reconocidas por la sociedad. De ellos adquirimos admirables historias y leyendas que han entretenido a más de una generación, desde aventuras honorables hasta despiadados crímenes y terroríficos monstruos, y sin duda una de las leyendas más famosas de la edad media es el Kraken.

. . .

En las crónicas nórdicas con frecuencia es mencionado un monstruo marino, tan grande como una isla, que navegaba los mares de Noruega e Islandia. En el siglo XIII se popularizó esta historia sobre el "monstruo más grande del mar" que era capaz de devorar hombres y embarcaciones. Su primera aparición fue en la saga islandesa de Örvar-Oddr, y posteriormente se retoma en las crónicas del sueco Olaus Magnus, en el siglo XVI.

Aunque puede que las escrituras hayan sido un poco más fantasiosas de lo necesario para la atracción popular, las descripciones del supuesto monstruo no estaban tan alejadas de la realidad. Algunos marineros hablaban de un "diablo rojo", un animal similar a un calamar que atrapaba y devoraba náufragos. Otros contaban historias de animales marinos que alcanzaban hasta los 12 o 13 metros de largo. Incluso los testimonios oficiales de la fuerza marítima nacional describían encuentros con estos seres, lo cual causó desconcierto entre los científicos de la época, e incluso algunos naturalistas, como el famoso sueco Carl von Lineeo, incluyeron a animales como el kraken en sus libros de registros.

. . .

Por supuesto, esto no era fácilmente aceptado por la comunidad científica, ya que muchos aún consideraban los cuentos de marineros como solo eso, cuentos. El naturalista francés Pierre Denys de Montfort, en 1801, incluyó al pulpo colosal y el pulpo kraken en su colección historia natural general y particular de los moluscos, en la sección de animales más grandes que existen. Montfort incluyó un dibujo basado en el relato supuestamente ocurrido cerca de las costas de Angola. Dudosos de la veracidad de sus fuentes y cuestionando su juicio científico, la comunidad rechazó esta propuesta y desacreditó las anteriores y futuras obras del autor.

Estas míticas creaturas inspiraron más de una historia, como Los trabajadores del mar, novela de Victor Hugo, o Veinte Mil leguas de viaje submarino, de Julio Verne. Aunque se tiene una noción general de lo que podría haber sido lo que estos marineros veían, aún se mantiene un misterio la identidad de estos animales marinos.

Independientemente, la mejor propuesta de los investigadores contemporáneos es que este temible monstruo devora hombres era en realidad un calamar gigante, y aunque probablemente ya no tenga nada de mitológico, no es un animal que pueda avistarse fácilmente. Continúa guardando misterios, ya que se desconoce casi por completo su ciclo vital, costumbres, comportamiento, familia de especies, entre otras categorías importantes que necesitan los investigadores marinos para registrarlo propiamente. Lo que se sabe hasta ahora es que su tamaño ronda los 10 metros en el caso de los machos y 14 en el de las hembras.

Habitan en las profundidades marítimas del océano pacífico y puede alcanzar a buscar refugio hasta los 5.000 metros bajo el nivel del mar. Así que la verdad de esta criatura se encuentra entre el mito y la realidad, aunque ciertamente no es un monstruo devora humanos, es ciertamente una criatura enorme y fascinante del cual nos hace falta mucho por comprender.

7

Misterios Ancestrales

El mecanismo de Anticitera: la computadora más antigua del mundo

Un misterioso objeto ha revolucionado la historia desde su descubrimiento, y este es el popularmente llamado el mecanismo de Anticitera. En 1900 un buceador de esponja, una forma antigua de habilidades de buceo, se encontraba trabajando en el mar Mediterraneo, justo a las afueras de la isla de Anticitera, a unos 138 pies de profundidad. Otros buceadores habían notado previamente diferentes fragmentos de lo que parecía ser la carga de un barco repartidos a lo largo del fondo marino, pero fue Elias Stadaitos quien realmente descubrió la fuente de estos extraños artefactos.

. . .

Elias encontró los restos de un barco de carga romano, y por muchos años regresó al mismo sitio gracias a su sed de curiosidad, y encontró estatuas, cerámica, y aglomerados de rocas que tenían incrustadas objetos metálicos.

En mayo de 1902, un arqueólogo llamado Valerios Stais notó que una pieza interesante de piedra tenía incrustada lo que parecía un engrane; la peculiar forma robó su curiosidad y la tomó consigo para investigarla más a fondo. La pieza original tenía aproximadamente 13 pulgadas de altura, 7 de ancho, y solo 3 de grosor, lo que lo llevó a pensar que podría ser una pieza de un mecanismo mucho más grande. También había símbolos marcados en el metal que después se descubrió que eran griegos.

Aunque ha sido difícil determinar su fecha de creación, se pensaba que el extraño artefacto podría tener más de dos mil años de existencia, lo que la vuelve uno de los dispositivos de engranajes más antiguos sobre la tierra. Los finos dientes del engranaje sugieren que era algún tipo de mecanismo de reloj, pero la complejidad de las piezas también indica que pudo haber sido diseñado para algo más que simplemente dar la hora.

. . .

El artefacto, que se nombró "el mecanismo de Anticitera" fue popularmente conocido por muchas décadas, y fue meticulosamente limpiado hasta la claridad. En 1951, cuando la roca incrustada ya había sido completamente limpiada y había revelado los engranajes oxidados, un científico inglés llamado Derek Price comenzó un estudio exhaustivo de la función del dispositivo y el probable uso que le pudieron haber dado sus creadores.

Lo que lo vuelve tan misterioso es que el propósito del objeto y la tecnología metálica que este utilizaba es típica del siglo 18, más no de periodos antes de la modernidad. Todas las partes metálicas de la máquina parecían haber sido cortadas de una misma lámina de latón de bronce; ninguna otra pieza estaba hecha o fue obtenida de otro tipo de metal. De las inscripciones griegas antiguas que estaban grabadas en la base del reloj, podemos asumir que la pieza se remontaba al primer siglo A.C.

Fue diseñado para usarse en astronomía y sirvió para calcular el amanecer, el atardecer, y los movimientos lunares. Todo esto indica que hace más de dos mil años, los griegos – o posiblemente otra civilización con una lengua similar al griego – ya utilizaba este tipo de tecnología, y que nosotros solo inventamos hace apenas 300 años.

El mecanismo de Anticitera obtuvo la atención del mundo cuando una popular revista científica americana (Scientific American) publicó un artículo al respecto en 1959, y después fue puesto alcance del público por el libro de Arthur Clarke llamado Mysterious World.

En su libro, Clark describió el mecanismo como "la primera computadora" y sugirió que era capaz de calcular la posición de las estrellas y planetas. Esto fue cuestionado por muchos historiadores que le recordaron al mundo que el concepto de "planetas" aún era muy vago en las épocas de Copérnico.

Aunque el mecanismo ha sido limpiado, se cree que muchos de los engranajes se mantienen incrustados y corroídos en las piedras sobrantes. El lijar esta piedra seguramente destruiría cualquier rastro de engranajes sobrantes en sus adentros. Los científicos están en busca de diferentes métodos para poder ver "dentro" de la roca y determinar la verdadera cantidad de engranajes sobrantes.

En 1971, Price unió fuerzas con Charalamps Kararalos, profesor de física nuclear en el Centro Nacional de Investigación Científica griego y encontró una manera de realizar rayos equis con poderosos rayos gamma.

Su experimento tuvo un tremendo éxito y reveló engranajes adicionales que eran críticos para entender cómo funcionaba el mecanismo. Científicos de todo el mundo se sorprendieron con la miniaturización de los engranajes, ya que eran muy similares al trabajo artesanal de relojeros que solo empezó a realizarse siglos después.

También era altamente complejo, lo que sugería que el conocimiento fundamental sobre la mecánica era lo suficientemente avanzado. Aunque el dispositivo era analógico (mecánico) podía calcular con la exactitud de una regla. Podría trazar velocidades angulares, los ciclos sinódicos y siderales de la luna, y presentaba la posición de los planetas conocidos y la luna para cualquier fecha que fuera ingresada.

. . .

Además de ser un misterio de ingeniería, el dispositivo demostró que sus diseñadores entendieron que el sol era el centro del sistema local, y no la Tierra. Este punto de vista u opinión podía ser causa de encarcelamiento o incluso la muerte causada por los católicos romanos, quienes eran geocéntricos.

Los fragmentos demuestran que el instrumento original cargaba al menos cuatro largas áreas de inscripción: afuera de la puerta frontal, dentro de la puerta trasera, en la placa entre los dos diales y sobre las placas parapegma cerca del dial frontal. Las inscripciones están en un estado deplorable, y solo unos pocos fragmentos pueden ser leídos. Para proveerte una idea de su condición solo necesito decirte que en algunos casos la placa ha desaparecido por completo, dejando atrás solo una impresión de sus letras. Es impresionante que inscripciones como éstas puedan incluso ser leídas.

Pero incluso de la evidencia de unas cuantas palabras completas uno puede darse la idea de este tema:

1. El sol se menciona muchas veces, y el planeta Venus una vez.
2. Los términos usados se refieren a las estaciones y retrogradaciones de planetas.
3. El eclíptico es nombrado.
4. Los puntos de los diales son mencionados.
5. Una de las líneas registra de manera significativa las palabras "76 años, 19 años" (esto se refiere al famoso ciclo calípico de 76 años, que es cuatro veces el ciclo metónico de 19 años, o 235 meses sinódicos lunares)
6. La siguiente línea incluye el número "223", que se refiere al ciclo eclíptico de 223 años lunares.

Al poner junta toda la información que ha sido recabada hasta el momento parece razonable asumir que el único propósito del dispositivo de Anticitera era mecanizar este tipo de relación cíclica, que era una característica importante de la astronomía ancestral.

Otras funciones que tenía este dispositivo fueron descritas de la siguiente manera:

1. Un calendario de 365 días que favorecía el año bisiesto cada cuatro años.
2. Predicciones de los eclipses solares y lunares.
3. Una estrella almanaque que mostraba cuando varias constelaciones del zodiaco griego se moverían a través del cielo.

Definitivamente, podemos afirmar que era una máquina impresionante.

La serpiente emplumada de Chichen Itzá

Los mayas han sido una de las civilizaciones antiguas más relevantes, siendo altamente capaces para temas como las matemáticas, la astronomía, y el cultivo.

La arquitectura maya también ha sido mundialmente reconocida, usando formas trapezoidales para sus puertas y bases cuadradas para sus pirámides. Su territorio se extendía desde la península de Yucatán, en México, y abarcaba hasta los países de Honduras y Guatemala. Hoy en día, a lo largo de estos territorios se pueden encontrar diversas zonas arqueológicas y ruinas mayas que aún guardan vestigios y secretos de esta poderosa civilización.

Una de las cosas más características de esta civilización era la arquitectura, y se distinguía por dos principales tipos de edificaciones: las pirámides escalonadas y los palacios de un solo piso. Las primeras se engalanaban con frontones grabados en imágenes y jeroglíficos que algunos han podido ser descifrados. Por otro lado, los palacios de un piso eran estructuras relativamente simples, pero que poseían fachadas meticulosamente ornamentadas.

La creencia religiosa de esta civilización iba más allá de simple adoración. Los mayas solían involucrar las ciencias matemáticas y astronómicas en la construcción de sus templos. Su habilidad para leer y estudiar las estrellas permitió que fenómenos misteriosos ocurrieran en sus templos. Un ejemplo es el templo de las siete muñecas, descubierto en la ciudad arqueológica de Dzibilchaltún.

Este templo, bautizado así gracias a las siete figuras de piedra que estaban dentro de él cuando fue descubierto por los arqueólogos, cuenta con tres ventanas principales en la cámara superior, aunque solo cuenta con dos pisos de altura. La ventana del centro, que es ligeramente más grande que las que se encuentran a su lado, fue construida de tal manera que, en los días de los equinoccios de primavera y de otoño, el sol queda exactamente enmarcada por el agujero de ella. Las cámaras internas se iluminan por completo, y un efecto como de lámpara se genera a lo largo del campo donde se localiza.

Uno de los templos más importantes de la sociedad maya fue la pirámide de Chichen Itzá, también conocida como el tiempo de Quetzalcóatl, nombre azteca de la deidad principal de la cosmovisión maya, a quien ellos se referían como Kukulcán. Construida entre los años 150 a 250 E.C., este templo se había construido con la intención de realizar ceremonias sagradas. Cuando los arquitectos mayas realizaron la construcción de este imponente templo hicieron tallos en las plataformas de tal manera que, durante el equinoccio, la ilusión de una serpiente bajando por los escalones de la pirámide podía ser apreciada. La serpiente era un animal sagrado para los mayas, debido a que, según su religión, la forma de Kukulcán era en realidad de una serpiente emplumada que era capaz de surcar los cielos.

Los equinoccios son fenómenos astronómicos donde el día y la noche tienen la misma duración, estos también eran días sagrados para los mayas. La pirámide, y los otros templos construidos en ciudades ceremoniales, servía como un tipo de mecanismo de control y predicción de los ciclos lunares y solares. Estos les permitían a los sacerdotes predecir los mejores días para la siembra de alimentos, cosechas del campo, y otros eventos importantes. Podían predecir las épocas de lluvia y sequía y así planear los alimentos para no pasar hambre.

Los sacerdotes anunciaban el día del equinoccio, y la gente del pueblo se reunía en la explanada para apreciar la venida de Kukulcán. Según los sacerdotes, Kukulcán bajaba a la tierra a hablar a través de ellos para anunciar el destino del pueblo. El efecto óptico cautivaba a los habitantes, y realizaban diligentemente las instrucciones que los sacerdotes indicaban, creyendo que venían directamente de Kukulcán.

. . .

Hoy en día, este fenómeno aún puede ser apreciado gracias al trabajo de restauración realizado por los arqueólogos modernos. En los equinoccios de otoño y primavera, puedes asistir a la ciudad de Chichén Itzá. Incluso si no logras obtener un pase para el día del equinoccio no debes preocuparte, esta ilusión óptica ancestral puede ser apreciada por hasta 4 días.

Los días previos al equinoccio se puede apreciar la luz en la cima de la pirámide, dando la sensación de que la serpiente ha comenzado a descender, y solo el día sagrado logrará su llegada al mundo terrenal.

La batería de Bagdad

Todos hemos escuchado de las baterías. En la época moderna, las baterías pueden ser encontradas en cualquier tienda de despensa, farmacia, e incluso tiendas de conveniencia que puedas encontrar de camino a casa. Bueno, ¿qué dirías si te contara que hay una batería de más de 2000 años de antigüedad? Fantástico, ¿no crees?

¿Qué es esta batería? Es conocida como la batería de Bagdad. En 1936, mientras excavaban las ruinas de una villa de 2000 años de antigüedad cerca de Bagdad, los trabajadores a cargo de la excavación encontraron un contenedor pequeño y misterioso.

Una maceta de 6 pulgadas de altura y hecha de arcilla amarilla brillante que se sugería tenía más de dos milenios, y contenía un cilindro de latón de cobre de 5 pulgadas por 1.5 pulgadas.

La orilla del cilindro estaba soldada con una aleación de 60-40 predominantemente de aluminio que podía compararse con el material que se usa hoy en día para soldar.

El fondo del cilindro estaba capeado con un disco prensado de oro y sellado con betún o asfalto. Otra capa aislante de asfalto sellaba la parte superior y mantenía en su lugar una caña de hierro que se suspendía dentro del centro del cilindro. Esta caña mostraba evidencia de haber sido corroída con un agente ácido.

De acuerdo con la mayoría de los textos la "pila voltaica", o comúnmente conocida como batería eléctrica, fue inventada en 1800 por el conde Alassandro Volta. Volta había observado que cuando dos sondas de diferentes metales eran colocadas con tejido de rana, una corriente eléctrica débil se generaba. Volta descubrió que podía reproducir esta corriente fuera de tejido vivo al poder los metales en ciertas soluciones químicas. Por este, y su otro proyecto que involucraba electricidad, conmemoramos su nombre en las unidades de medida de potencial eléctrica llamada voltio.

La pequeña jarra encontrada en Bagdad sugiere que volta no fue el verdadero inventor de la batería, sino que realmente la reinventó. La jarra fue primeramente descrita por el arqueólogo alemán Wilhelm Konig en 1938. Aún no está claro si Konig desenterró el objeto o lo encontró dentro de las posesiones de un museo, pero se sabe que se encontró, junto con muchos otros instrumentos similares, en un lugar llamado Khujut Rabu, justo a las afueras de Bagdad.

Los jarros se creían tener una antigüedad de dos mil años y consistir de un caparazón de loza de barro, y con un obturador compuesto de asfalto. Saliendo por encima del obturador se encontraba una caña de hierro. Dentro de la jarra la caña estaba rodeada por un cilindro de cobre. Konig pensó que estas cosas se veían como baterías eléctricas y publicó una investigación al respecto en 1940.

La Segunda Guerra Mundial evitó que hubiera una continuación en la investigación de estas jarras, pero después de que se detuvieran las hostilidades un americano, Willard F.M. Gray del Laboratorio de Alto Voltaje de General Electric, en Pittsfield, Massachusetts realizó algunas reproducciones de estas. Cuando se llenaban con un electrolito, como el jugo de uva, los dispositivos generaban cerca de dos voltios.

Ahora, si estos dispositivos realmente resultaron ser baterías, ¿quién las creó y para qué eran utilizadas? Esta es sin duda la pregunta más importante.

Se dice que Khujut Rabu fue el establecimiento de una comunidad llamada los Partos. Mientras que los Partos eran guerreros excelentes, no habían sido reconocidos por sus logros tecnológicos y algunos investigadores habían sugerido que obtuvieron las baterías de alguien más. Algunas personas incluso han mencionado que este "alguien más" probablemente era un viajero espacial que visitó la tierra durante los tiempos ancestrales.

Aunque esta es una noción fantástica, no hay nada especialmente sorprendente sobre las baterías de Bagdad, y no cuentan con ningún tipo de tecnología avanzada especial. Todos los materiales usados son de origen común, y el talento de manufactura es suficientemente adecuado para las habilidades de la época. Lo que sí es sorprendente de estos jarrones eléctricos, es que alguien logró descubrir cómo colocar los materiales correctos, de la manera correcta y crear un dispositivo cuya función no es aparentemente obvia. Es probable que las baterías (si es que eso son realmente) sean el resultado de un desarrollo accidental y no relacionado con avances tecnológicos.

Se entiende mejor como una serie de eventos. Se ha sugerido que fueron usadas para galvanizar objetos. El proceso de galvanización utiliza una pequeña corriente eléctrica para colocar una pequeña capa de un metal (como el oro) en la superficie de otro metal (como la plata). Esta idea es interesante porque en su centro involucra a la madre de muchos inventos: el dinero.

· · ·

En el proceso de creación de joyería, por ejemplo, la capa de oro y plata con frecuencia es aplicada para mejorar su belleza, este es un proceso conocido como chapado.

Algunos investigadores también han sugerido que las baterías podían haber sido usadas con fines medicinales.

Los antiguos griegos escribieron sobre el efecto analgésico de los peces eléctricos cuando eran aplicados en las plantas de los pies.

Para este tiempo, los chinos ya habían desarrollado la legendaria técnica de acupuntura, y en la época moderna aún se utiliza esta técnica en conjunto con corrientes eléctricas para mejorar la estimulación de los puntos. Esto puede explicar la presencia de objetos con forma de aguja que se encuentran en algunas baterías.

Pero este voltaje tan pequeño seguramente era inefectivo contra el dolor, considerando que se ha registrado el uso de otros analgésicos naturales en el mundo antiguo como el cannabis, el opio, y el vino.

. . .

Otra teoría interesante propone que era utilizada en rituales mágicos: Se dice que, para los no iniciados, la ciencia no difiere mucho de la magia, al grado de ser casi indistinguible. Según el Dr. Craddock, algo similar pasó en Egipto con un artefacto llamado el motor del héroe.

El motor del héroe era una máquina primitiva impulsada por vapor y, como la batería de Bagdad, nadie está realmente seguro de cuál era su uso, pero todos estaban convencidos de que funcionaba. Si este pudiera ser encontrado, sería una gran evidencia para respaldar la nueva teoría. Con las baterías dentro, ¿este objeto era como el oráculo de Delphi en Grecia que estaba "cargado" con poderes divinos?

Incluso si la carga era insuficiente para realmente electrocutar a alguien puede que se haya sentido caliente al tacto, o incluso un proveía con un ligero cosquilleo. Lo menos que pudo haber sucedido, es que quizá era un contenedor para estos artículos para mantener el secreto a salvo.

Quizá es demasiado pronto para decir que la batería ha sido probada contra toda duda ser parte de un ritual mágico. Más investigaciones, incluyendo un análisis concreto de su creación, de los componentes de las baterías son necesarias para realmente resolver el misterio. Si quieres encontrar las respuestas, o estar al menos un paso más cerca, puedes encontrar esta batería en el Museo de Bagdad, junto con otras que fueron desenterradas en Iraq, todas aparentemente del periodo de ocupación de los Partos entre 248 y 226 antes de nuestra era.

8

Lugares fascinantes

La puerta al infierno

"La puerta del infierno" es más que una escena de película, es un agujero gigante y flameante en el medio del desierto de Karakum que se ha mantenido ardiendo por 40 años. El cráter está localizado en la región media del desierto que se encuentra en el territorio de Derweze, en Turkmenistán.

Aunque los alarmistas bíblicos mencionan la "puerta del infierno" como otra más de las señales que se aproxima el apocalipsis, es necesario mencionar que esto no refleja la realidad de este fenómeno, de hecho, existe una explicación científica para su existencia.

. . .

Un grupo de geólogos soviéticos se encontraban haciendo excavaciones en el sitio en 1971, usaban taladros industriales para ayudarse y, sin querer, perforaron la entrada de una cueva llena de gas natural. El área bajo el taladro colapsó, generando un agujero de 70 metros de diámetro.

Con temor a que el agujero pudiera emitir gases tóxicos, el equipo decidió prenderle fuego en un intento de que se consumieran. Se esperaba que el fuego usara todo el combustible que albergaba la cueva en un par de días, pero el gas aún se encuentra ardiendo. Las flamas generan un brillo dorado que se puede apreciar a kilómetros de distancia y a lo largo de Derweze, un poblado con una población de 350 personas.

El sitio se encuentra a unos 260 kilómetros al norte de Ashgabat, la capital de Turkmenistán. Visitantes de todos lados llegan a esta villa a ver "La puerta del infierno", pero solo pueden pasar 5 minutos, en promedio, en el sitio debido a que el gas metano es altamente tóxico, y este se encuentra en constante emisión. Es un evento tan singular que muchas personas se han embarcado en una aventura por ver el cráter ardiente en el medio del desierto de Karakum.

¿Tendrías el valor de visitarla antes de que sea cubierta por órdenes del presidente de Turkmenistán?

La ciudad de hielo de Harbin

Harbin es una ciudad que se encuentra en el noreste de China, en la provincia de Heilongjiang. Es una de las ciudades fronterizas entre China y Rusia, lo que también la coloca muy cerca del abrumante frío de Siberia. En las épocas más frías de invierno pueden llegar hasta los diecisiete grados bajo cero.

Este esta gélida ciudad es la sede de uno de los festivales más sorprendentes de la modernidad: El festival del hielo y la nieve. Durante este festival, los organizadores y artesanos de la ciudad pasan meses preparando gigantescas esculturas de hielo que componen un parque completo hecho únicamente de hielo y nieve. Esta tradición se remonta a la era de la Dinastía Qing, una de las más largas en la historia del imperio.

• • •

A lo largo de distintas investigaciones, historiadores han encontrado escritos que relatan la costumbre de los pescadores y campesinos locales quienes solían utilizar linternas de hielo para ayudarse a encontrar el camino durante su regreso a la aldea después del anochecer. Estas lámparas estaban hechas de hielo clarificado que tenía un agujero por dentro para hacer lugar para una vela. El hielo actuaba como un cristal reflejante lo que permitía incrementar el brillo de la flama dentro de él. Tiempo después, comenzó a usarse como decoración, y cientos de años más tarde los diseñadores de este festival utilizaron el mismo principio para crear las hermosas estructuras iluminadas del parque.

El parque principal se encuentra sobre la superficie congelada del río Shongua, y los escultores utilizan desde cinceles, picos de hielo, y martillos hasta motosierras para realizar las estructuras. Posteriormente, las estructuras de hielo son rellenadas con material LED y encendidas al caer la noche, dándole un efecto espectacular y casi mágico al parque Este festival inició a realizarse de forma anual desde 1963, aunque tuvo un periodo de interrupción durante el periodo de la revolución cultural de china, y posteriormente se reanudó en 1985.

El festival comienza oficialmente el 5 de enero y puede durar hasta un mes; dependiendo de las condiciones climáticas, puede extenderse quince días más. Además de las imponentes exposiciones existen diferentes actividades dentro del festival, una de las más populares es la natación invernal.

En una sección especializada del parque, se abre un agujero sobre la losa de hielo, permitiendo el acceso al gélido río. Los valientes toman posición en uno de los trampolines y se sumergen en las profundidades. Otros eventos populares son el ski de hielo y otros deportes invernales, además de que se realizan shows de luces con algunas estructuras, y se puede visitar el bar de hielo, un pub donde todos los muebles han sido tallados del propio hielo.

Las esculturas pueden llegar a variar, pero popularmente tienden a ser edificios diseñados por locales o imitaciones de famosas esculturas alrededor del mundo. Si te atreves a visitar esta ciudad congelada recuerda llevar un buen par de botas de nieve y calentadores para las manos, ya que ¡la temperatura más baja registrada ha sido de -38°!

Las catacumbas de París

Este escalofriante sistema de pasadizos y habitaciones secretas tienen su origen en las canteras de piedra caliza localizadas a las afueras de la ciudad de París, en Francia.

Esta ha sido usada como una fuente natural de recursos desde la época de los romanos, y el material extraído de ellas fue utilizado para los edificios de la ciudad, y fue altamente benéfico para la expansión y el crecimiento de la misma.

En la segunda mitad del siglo 18, sin embargo, este sistema de minas de piedra fue transformado en un cementerio. Durante este tiempo, los cementerios más grandes de París, tales como Les Innocents, habían comenzado a llenar toda su ocupación. Aquellos que tenían la desdicha de vivir en las áreas periféricas al cementerio comenzaron a quejarse de que el pútrido olor de los cadáveres en descomposición podía ser percibido desde lejos, además de que la exposición a los cuerpos inertes eran centros importantes de enfermedades y parásitos que encontraban manera de llegar a las poblaciones cercanas.

Louis XV, desesperado por encontrar una solución a esto, emitió un edicto que prohibía realizar entierros en la capital. Por disposición de la iglesia, los cementerios existentes no fueron tocados, ya que argumentaban que las almas de los fallecidos podían ser perturbadas.

Con estos dos puntos opuestos enfrentándose, no se hizo nada al respecto, la iglesia contaba con el poder suficiente para pasar por alto los mandatos del rey, y solo fue hasta que una de las paredes de Les Innocents colapsó, dejando frente a sí una montaña de cadáveres putrefactos que se podía ver desde las localidades vecinas, que el estado se vio forzado a tomar acciones concretas para solucionar el problema.

En 1786, las canteras de Rombe-Issoire fueron consagradas y bendecidas por sacerdotes de la iglesia de París, y se decretó que este sería el lugar donde se llevarían a cabo los nuevos entierros. Algunos de los cadáveres sobrantes de Les Innocents también fueron trasladados a esta área, y posteriormente todos los huesos que estaban enterrados en los cementerios de París fueron paulatinamente llevados a esta área para ser vueltos a enterrar, así surgen las famosas Catacumbas de París, y los cadáveres que dejó atrás la revolución francesa iniciaron la costumbre de enterrar a todos los muertos en esta zona.

Sin embargo, las catacumbas que conocemos hoy en día fueron creadas hasta 1859, cuando Georges-Eugene Haussmann realizó renovaciones y llevó a cabo la última transferencia de huesos que sobraban en algunos cementerios de las zonas rurales, la obra fue finalizada hasta 1860, y así dio a luz a un sistema de pasadizos que se extiende por más de 300 kilómetros y alberga los restos de millones de parisinos.

En el París moderno, las catacumbas se encuentran abiertas al público ya que traen a miles de turistas cada año, sin embargo, las visitas guiadas están reducidas a sólo ciertas áreas del sistema. En 1955, se declaró ilegal explorar otras áreas de la red. Sin embargo, durante los años 70 y 80, las catacumbas fueron exploradas ilegalmente por un grupo de curiosos urbanos parisinos conocidos como los Catafilos. Se dice que algunos espacios incluso fueron renovados y convertidos en áreas para practicar arte. Por ejemplo, una de las cavernas que se encuentra entre la inmensa red fue convertida en un anfiteatro secreto que incluye una pantalla de cine, equipo de proyección, y asientos. La cámara consiguiente fue renovada para convertirse en un restaurant-bar que podían visitar los asistentes al anfiteatro después de la función.

Hoy en día, a pesar de su ilegalidad, alrededor de 300 catafilos logran acceder a las cavernas gracias a entradas secretas que incluso las autoridades no han podido detectar. Un lugar donde los vivos y los muertos pueden convivir es, sin lugar a duda, fascinante por sí solo.

9

Asesinatos sin resolver

JACK EL DESTRIPADOR

En 1888, el asesino serial más famoso del mundo se asomaba de entre las sombras de las espeluznantes calles del este de Londres. "Jack el destripador" fue la primera celebridad entre los asesinos seriales, y alguien que marcó tendencias para maniacos homicidas que aún en la modernidad utilizan su ejemplo como plano a seguir.

Sin embargo, contrario a muchos de sus admiradores que han copiado su modus operandi, Jack el destripador nunca atrapado, ni siquiera fue nombrado, y aún con la ayuda de la tecnología moderna no se ha logrado probar sin lugar a duda su identidad.

El distrito Whitechapel de Londres era conocido como una de las áreas más pobres de la ciudad, y en esas épocas albergaba a una gran cantidad de prostitutas. También era el área que prontamente se convertiría en el centro de los ataques del destripador. Su reinado de terror empezó oficialmente en las primeras horas del 31 de agosto de 1888, cuando el portero de un mercado vio a una mujer tirada en a la entrada de una casa en Buck's Row en Whitechapel. En vez de acercarse a la mujer, el portero fue a buscar un policía. Cuando llegó a la escena, se dio cuenta que la garganta de la mujer había sido cortada a profundidad, y después de una examinación médica apropiada se reveló que su cuerpo había sido mutilado. También se pudo descubrir su identidad: Mary Ann Nichols, también conocida como Polly, una prostituta de 42 años que frecuentaba las calles por las noches.

Poco menos de una semana después, a las 6 de la mañana del 8 de septiembre, el cuerpo de otra mujer apareció en la calle Hanbury, cerca de Buck's Row. Su nombre era Annie Chapman, una prostituta de 45 años cuya cabeza fue cortada casi por completo desde el cuello, también le habían quitado los intestinos.

El miedo comenzó a esparcirse entre la comunidad.

Por primera vez en la historia, las personas tenían un público capaz de leer y una prensa sin escrúpulos que colocaba a la policía bajo una nueva cantidad de presión que jamás habían experimentado. No solo debían proteger a las personas de Londres, sino que también tenían que manejar el estrés de probar que eran, en realidad, una organización competente. Similar a los casos modernos de asesinos seriales, el efecto de los mitos y rumores en la página frontal de un periódico llevaron a una gran histeria entre las personas. Cuando el destripador volvió a atacar, los pobladores de Whitechapel solo esperaban una cosa, y Jack no los decepcionó. En los momentos más oscuros del 30 de septiembre, una vendedora de joyería personalizada llegó a su casa en la calle Berners, donde descubrió el cuerpo de Elizabeth Stride, una prostituta a quien le habían cortado la garganta.

. . .

Mientras los policías se apresuraban a la escena y buscaban alrededor de las calles cercanas, el destripador se encaminó a Mitre Square, en la ciudad de Londres, y asesinó a Catharine Eddowes. Aunque su primera víctima no había sido mutilada, ya que se cree que es destripador probablemente fue interrumpido durante su proceso, los restos de Eddowes no corrieron con la misma suerte, no se habían preservado correctamente y se le encontró sin intestinos. Esta noche se conoce infamemente como "el evento doble" y fue el punto focal de muchas cartas de queja enviadas a la policía.

Aunque muchas venían del público en general, muchas alegaban ser del propio destripador, y a estas se les prestó mucha más importancia que a las otras. Una que tenía la fecha de 28 de septiembre se burlaba de la policía, y dio el origen al nombre "Jack el destripador", ya que ese fue el nombre bajo el cual el remitente firmó la carta. La segunda más importante fue una postal del 1ero de octubre y que era referente al evento doble que había tomado lugar la noche anterior. La tercera letra llegó cuatro días después, e incluso incluía una supuesta porción del riñón de Catharin Eddows. Aunque la policía, como lo hacen en tiempos modernos, debía suponer que estas letras provenían de un maniático o un bromista de mal gusto, el riñón que llegó con la tercera carta se encontraba en mal estado gracias a una enfermedad. Un dato interesante es que Eddowes era una alcohólica, y además sufría de la enfermedad de Bright; la muestra de riñón que tenía la policía fue investigada por profesionales médicos, y se demostró que poseía señales de haber sido afectado por dicha enfermedad. La policía creyó haber finalmente descubierto un patrón en los asesinatos, el primero había ocurrido el 31 de agosto, el segundo el 8 de septiembre, y el tercero y cuarto el 30 de septiembre.

Creían que el siguiente iba a suceder el 8 de octubre, sin embargo, el destripador no atacó ni una sola vez en todo el mes.

Su último asesinato oficial ocurrió el 9 de noviembre en Miller's Court, un edificio cerca de donde se habían realizado los otros asesinatos. Otra prostituta, Mary Jane Kelly de 24 años, fue encontrada por su casero, su cuerpo había sido completamente mutilado. Esta vez, el crimen se había realizado dentro del apartamento, así que el asesino había tenido toda la noche para disecar el cuerpo.

. . .

Aunque solo estos cinco asesinatos se le atribuyeron al destripador, existe la posibilidad de que haya llevado a cabo otros dos o tres crímenes en Londres en ese periodo de tiempo. Sin embargo, la policía fue incapaz de encontrar el verdadero nombre del asesino detrás de esos horrorosos crímenes e implementó una política de supresión de información para calmar al público. A pesar de esto, los Londinenses estaban conscientes que el trabajo policial no estaba obteniendo resultados con respecto a la identidad del destripador.

Pero algunos de los oficiales de la fuerza tenían sus propias teorías, y muchos forenses que examinaron los cuerpos de las víctimas sugirieron que era probable que el destripador tuviera entrenamiento médico.

En 1894 el jefe en turno de la Fuerza Policial Metropolitana, Sir Melville Macnaghten, escribió un reporte que nombraba a Montague John Druitt, un abogado que se suicidó poco después del asesinato de Kelly, como el sospechoso probable. Sin embargo, en ese momento Macnaghten creía que Druitt era un doctor entrenado, afirmación que se desmintió en investigaciones posteriores. Macnaghten también nombró a otros dos posibles destripadores. Uno de ellos era

Aaron Kosminski, un judío polaco que vivía en el área de Whitechapel y fue colocado en un asilo psiquiátrico en marzo de 1889. Aunque uno de los oficiales a cargo de la investigación, Robert Anderson, creía con mucho ímpetu en la culpa de Kosminski, el reporte médico del doctor a cargo de su tratamiento psiquiátrico mencionó que no había ninguna razón para sospechar tendencias homicidas.

El último sospechoso sobrante era Michael Ostrog, quien era un lunático ruso. A pesar de haber sido un criminal convicto y de que posiblemente haya tenido entrenamiento médico, el comportamiento que demostró bajo estudios médicos no parecía apuntar a la habilidad para cometer múltiples asesinatos. En años recientes, investigadores del destripador han considerado al Dr. Francis Tumblety, un doctor americano que huyó de Londres poco después de los asesinatos. A pesar de que era considerado un posible sospechoso, la policía metropolitana decidió no tomarlo en cuenta para sus cuestionamientos.

Como sucede con muchos otros misterios, la identidad del destripador se ha vuelto un punto focal para los fanáticos de las teorías conspirativas. Esto ha llevado a que personas de diferentes lugares y estratos sociales – desde miembros de la monarquía, sirvientes reales, oficiales de policía de alto rango, espías rusos, e incluso evangelistas enloquecidos – hayan sido acusados de ocultar la verdadera identidad de Jack el destripador.

Sin embargo, en el último par de años un estudio, conducido por Patricia Cornwell, ha investigado la conexión entre el destripador y Walter Sickert, un pintor impresionista que pudo haber tenido conexiones con Whitechapel durante el periodo en el que se realizaron los asesinatos. Veinte años después de los asesinatos, ha creado una serie de pinturas que presentan a prostitutas crudamente mutiladas. Cornwell ha usado tecnología moderna para examinar su trabajo intensamente, y está tan convencida de la culpabilidad de Sickert que ha puesto su reputación en riesgo por afirmar que él es el destripador.

Otros investigadores modernos del destripador, como las fuerzas policiales de Victorian London, no han podido concordar entre ellos. Existían tantos personajes detestables rondando las calles de Londres durante ese tiempo que casi todos los sospechosos podrían ser relacionados con los asesinatos de una manera u otra.

A medida que pasan los años, más se nubla la verdad, y la posibilidad de que existan más sospechosos se incrementa, mientras que la prueba definitiva se hunde más y más en el olvido del tiempo.

El asesino del zodiaco

El asesino del zodiaco es uno de los misterios de crímenes sin resolver más impresionante de la historia, y sin duda el único que puede superarlo es el misterio de Jack el destripador. A pesar de que la policía investigó a más de 2,500 sospechosos potenciales, el caso nunca fue oficialmente resuelto.

El asesino del zodiaco fue un asesino serial que asechó ciertas partes del norte de California entre el mes de diciembre de 1968 y hasta octubre de 1969. A través de una serie de cartas encriptadas que le mandó a la prensa y otras instituciones, reveló la inestabilidad mental que padecía y que lo llevó a realizar estos asesinatos, ofreció pistas sobre sus futuros asesinatos, y adoptó el nombre de Zodiaco.

. . .

Antes de que todo terminara, este astuto y diabólico asesino cambió la vida de ocho personas, y solo dos de ellas lograron sobrevivir para contarlo. Hasta el día de hoy, policías y periodistas reciben pistas sobre los asesinatos. Y existe una industria urbana de entusiastas novatos del zodiaco que han dedicado sus vidas al misterio.

Los primeros asesinatos supuestos del zodiaco fueron en Benicia, California, y cerca de Vallejo. En ambos casos, el asesino se detuvo junto a una pareja que estaba estacionada dentro de un coche y le disparó a quemarropa. Después, acuchilló a una pareja que estaba haciendo un picnic junto al lago Berryessa, en el condado de Napa, y le disparó a un taxista en San Francisco. Con frecuencia llamaba a la policía desde teléfonos públicos para reportar sus crímenes.

Cuando se trata de asesinos seriales americanos, el Zodiaco no aparece como uno de los más prominentes en materia de muertes. Una vez mencionó que había matado a 37 personas, pero las víctimas que pudieron ser confirmadas eran 6, que sufrieron ataques entre 1968 y 1969.

. . .

Aún así, el Zodiaco logró aterrorizar a la el área de Bay, no solo por sus asesinatos sino por sus amenazas de explotar camiones escolares o dispararle a los niños que se bajaban de él.

La policía de Vallejo, donde el Zodiaco mató a tres personas e hirió a otra, han considerado que Arthur Leigh Allen era su sospechoso principal por mucho tiempo, sin embargo, este falleció de cáncer a la edad de 58 años en 1992 sin nunca haber sido acusado de nada. Allen también es el sospechoso preferido de Robert Graysmith, un antiguo caricaturista político cuyo libro que cubría los asesinatos del Zodiaco fungió como base para un filme muy popular del mismo nombre.

La policía de San Francisco, donde el zodiaco mató a un taxista, tenía sus propias reservas sobre Allen como un posible sospechoso, pero el departamento se lavó las manos y se alejó del caso posteriormente, hoy en día no hablan al respecto. Mike Rodelli, un investigador de Nueva Jersey que ha pasado casi 10 años envolviéndose en el caso y ha impresionado a más de un experto en el Zodiaco con sus descubrimientos, está convencido de que el asesino es un conocido empresario de San Francisco que ahora se encuentra en sus 80 años de edad.

Quizá la teoría más intrigante de lo que sucedió con el Zodiaco es la que propuso David Van Nuys, un psicólogo del condado de Sonoma quien fue coautor del libro sobre el asesino. Van Nuys cree que el Zodiaco sufría de un Trastorno Limítrofe de la Personalidad y que su enfermedad fue mejorando con el tiempo hasta que, eventualmente, dejó de asesinar.

"Les habla el Zodiaco" era la manera en la que comenzaba todas sus letras, y esta introducción incluía un símbolo particular: dos líneas cruzadas que atravesaban un círculo que se parecía a la mira de un telescopio. Los periódicos locales publicaron las cartas y el código que el Zodiaco había escrito en ellas. En agosto, un maestro de preparatoria de salinas, Donald Harden, dijo que él y su esposa Bettye habían resuelto el código.

"Me gusta matar porque es más divertido que cazar animales salvajes en el bosque" es lo que decía el mensaje.

. . .

La última letra que pudo ser identificada como suya fue enviada al periódico The Chronicle en enero de 1974, en ella amenazaba con hacer "algo malo" si el periódico se rehusaba a imprimir el mensaje. Terminó la carta con "Me – 37 / SFPD – 0" La naturaleza pública de la manera en la que realizaba sus asesinatos y su mórbida necesidad de exponerlo al mundo es lo que vuelven al Zodiaco uno de los asesinos más temibles e interesantes de la historia americana.

Al darse cuenta de que el pánico seguía cundiendo entre el público y sus investigaciones no estaban ni cerca de llegar a tener un resultado tangible, la policía de San Francisco solicitó ayuda de los aficionados a los acertijos a través de los mismos tabloides donde sus cartas habían sido publicadas, y de esta manera reclutó a un grupo de asesores amateur que trabajarían en conjunto con la policía para descifrar los extraños acertijos que el asesino dejaba en las cartas.

El misterio inspiró muchas películas y series de televisión. Dirty Harry, una popular serie de televisión americana de policías que tenía como estrella principal a Clint Eastwood, está vagamente basada en el caso del Zodiaco. En 2007, el filme "Zodiaco", con la estrella principal Jake Gyllenhaal y Roberto Downey Jr, se centró en contar la historia y la travesía que tuvieron que recorrer los oficiales de policía al intentar capturarlo.

A pesar de haber interrogado a alrededor de 2,500 sospechosos, la policía de San Francisco nunca logró atrapar al asesino, ni logró reunir suficiente evidencia para arrestar a alguno de los sospechosos.

Conclusión

ALGUNAS DE LAS historias que te presenté en este libro sin duda no son fáciles de digerir. La mera idea de ciudades que desaparecen de la noche a la mañana puede ser abrumadora, y es todavía más intrigante cuando alguien propone la posibilidad de que los vestigios de esta puedan seguir ocultos en alguna parte de nuestro planeta, y que, a pesar de los esfuerzos de los arqueólogos y los historiadores, aún no nos hemos podido topar con ellos. Entenderás entonces por qué estas historias pueden localizarse en un borde entre la ficción y la realidad.

Cuando alguien te habla de fantasmas o embrujos por supuesto que es difícil aceptarlos como parte de tu vida, pero una vez que has escuchado o leído los testimonios de personas que se han enfrentado a este gran misterio de nuestro mundo, el mundo espiritual, es difícil incluso afirmar que su inexistencia es absoluta, ¿no crees? Desde casas embrujadas hasta muñecas malditas, ahora sabes que hay algo más allá de lo que podemos ver a simple vista, y si aún no tienes la certeza puedo dar por seguro que al menos te lo estás cuestionando.

También te habrás podido dar cuenta que los sucesos sobrenaturales no son los únicos que albergan misterios detrás de ellos. Algunos de los personajes que se mencionaron en este libro ciertamente eran bizarros para su época, e incluso para la era moderna, sin embargo, es este misticismo lo que los vuelve tan interesantes, y seguramente hay algo en ellos de lo que podríamos aprender.

Además de ello seguramente aprendiste que los humanos también somos los causantes de nuestras propias desgracias. Es ciertamente impresionante la cantidad de tesoros, historia, y conocimiento que se ha perdido gracias a guerras y conflictos políticos entre imperios. Aunque es cierto que también los desastres naturales y las temibles fuerzas de la naturaleza también juegan un rol importante en estos trágicos sucesos. Desde vidas hasta ciudades enteras, es claro que uno nunca debe subestimar a la madre tierra.

Ahora has aprendido a no temerle a lo desconocido, a abrir tu mente para ver más allá de lo que los libros de historia de la escuela nos han querido enseñar, te has arriesgado a hacerte preguntas y cuestionar lo que te rodea, y esa curiosidad que sientes por el mundo en el que vives será tu mejor arma para continuar viviendo en él.

Bibliografía

El universal. (2019). En el Valle de la Muerte las piedras se mueven solas. mayo 2021, de el universal Sitio web: https://www.eluniversal.com.mx/destinos/en-el-valle-de-la-muerte-descubre-el-misterio-de-las-piedras-que-se-mueven-solas

Josep Gavaldá. (2020). Aokigahara, el bosque de los suicidios. mayo 2021, de National Geographic Sitio web: https://www.nationalgeographic.com.es/naturaleza/aokigahara-bosque-suicidios_15268

Hector G. Barnés. (2016). La verdad sobre Aokigahara, el bosque de los suicidios japonés. mayo 2021, de el confidencial Sitio web: https://www.elconfidencial.com/alma-corazon-vida/2016-02-28/mitos-verdades-aokigahara-terrorifico-bosque-suicidios-mar-arboles_1158848/

Desconocido. (2019). Monstruo del lago Ness: el estudio que asegura haber dado con una explicación para el legendario misterio. mayo 2021, de BBC News Sitio web: https://www.bbc.com/mundo/noticias-49599932

D.C.. (2020). La escalofriante historia que esconde la verdadera muñeca Annabelle. mayo 2021, de ABC Sitio web: https://www.abc.es/play/cine/noticias/abci-escalofriante-historia-esconde-verdadera-muneca-annabelle-201710120115_noticia.html#:~:text=Annabelle%20fue%20el%20regalo%20de,en%20ese%20momento%20estudiando%20enfermer%C3%ADa.&text=I

Silvia R. Pontevedra. (2018). El niño lobo pasa frío en el mundo de los hombres. mayo 2021, de El Pais Sitio web: https://elpais.com/politica/2018/03/26/diario_de_espana/1522057838_215020.html#:~:text=Marcos%20Rodr%C3%ADguez%20es%20uno%20de,Real)%2C%20donde%20hac%C3%ADan%20carb%C3%B3n

Toni Cruz Gonzalez . (2015). Un misterio de la historia: Lady Babushka. mayo 2021, de Toni Cruz Prensa Sitio web: https://tonicruzprensa.com/2015/03/31/un-misterio-de-la-historia-lady-babushka/

David Hernandez. (2020). la biblioteca de alejandría, la destrucción del gran centro del saber de la antigüedad. mayo 2021, de National Geographic Sitio web:

https://historia.nationalgeographic.com.es/a/biblioteca-alejandria-destruccion-gran-centro-saber-antiguedad_8593

erta%20en%20estos%20fen%C3%B3menos,hab%C3%ADa%20

www.ingramcontent.com/pod-product-compliance
Lightning Source LLC
LaVergne TN
LVHW021720060526
838200LV00050B/2764